「使徒信条」を祈る

石脇　秀俊　著

まえがき

これまで小教区の現場に立つ中で、教会学校の子どもをはじめ教会学校の先生方に、また、信仰講座に来られる大人の信徒に至るまで、カトリックの教理あるいは教義を教える上で、一体、何をどれだけ教えれば良いのかということは大きな問題になろうかと思います。あるいは、教理を教えて意味があるのかどうか疑問を持つこともあるかと思います。

例えば、三位一体です。神は唯一の方だけれども三つのペルソナがあるということ。これはキリスト教の中心的な教えなのですが、一体どういう意味なのかという疑問もさることながら、それを知っているのと知らないのとではどのように違うのか、というような疑問を持つことと思います。子どもたちに「神は三位一体ですよ、うれしいでしょう」と言っても、うれしがる子どもはまずいないでしょう。それでは、そんなことを教えなくてもよいのかというと、やはりこれは教理である以上、無視するわけにはいきません。

三位一体に限らず、教える立場にある人は、一つの教理をどう扱ったらよいのか悩んでしまいます。悩んでしまう原因は、教える側に立つ人が一体どこまで理解しているのか、どんな教理が大切なのか、その教理が私たちとどう関わるのか、どうしてそういう教理は私たちに意味があるのか、という点について自分でもはっきりしない点にあると思います。

そこで、まずどんな教理を教えるべきか、ということで本書が取り上げたのが、「使徒信条」です。カトリック教会としての最低限必要な教理、そういうギリギリの信仰内容を手短にまとめたもの、つまりカトリックにおける「キリスト教信仰の神髄」に当たるものが「使徒信条」だからです。では、それをどのように教えたら、子どもから大人の信徒まで理解してもらえるか、さらにその教えの大切さ、すばらしさを実感してもらえるか。これが、小教区という現場で信仰教育に携わる者の第一の関心事だと思います。

こうしたことから、本書は、神学的に、専門的に詳しく扱うことを避け、できるだけ分かりやすい言葉で「使徒信条」について解説しようと、少しずつ書き留めたものをまとめたものです。小難しいと思われがちなキリスト教の教理が、実はとても納得できるものであり、信仰生活に密着した意義があるのだという私の理解が、信徒の皆さんと共有できれば、これほど喜ばしいことはありません。

目次

1 「使徒信条」の概略

カトリック信徒として最低限必要な教理、そういうギリギリのキリスト教信仰の内容を手短にまとめたものが「使徒信条」です。「使徒信条」はプロテスタントや聖公会でも使われており、彼らの信仰のよりどころともなっています。

この「使徒信条」がカトリックにとって、いかに大切であるかということは、それが昔、『公教会祈祷文』の朝晩の祈りに含まれており、朝晩の祈りをする人は、一日最低二回は「使徒信条」を唱えていました。それからミサの式文では「信仰宣言」と書いていますが、「使徒信条」はミサの中でもと言っても、主日（日曜日）や大きな祭日には、必ず説教の後に「使徒信条」を唱えます。司祭が「信仰宣言を唱えましょう」と言って、「天地の創造主」と始める祈りが「使徒信条」です。ただし、以前は、今の「使徒信条」とは違い、省略したかたちのもので、と言っても、デタラメに省略したものではなく、洗礼式の時に用いる「洗礼式信仰宣言」を使っていました。この信仰宣言は、実は後でも触れますが、「使徒信条」の原型であった「古ローマ信条」のかたちに沿ってつくられた信仰宣言です。ですから、以前、ミサの中で唱えていた洗礼式信仰宣言は、「使徒信条」を省略したものというのは不正確で、「使徒信条」がもとになっていたというのが正しい言い方です。ただ、洗礼式の時は、「〇〇〇〇さん、あなたは天地の創造主、全能の神である父を信じますか」、「父のひとり子、おとめマリアから生まれ、苦しみを受けて葬られ……を信じますか」、「聖霊を信じ、聖なる普遍の教会、聖徒の交わり……を信じますか」というふうに司祭が質問する形をとっていて、それをミサの中では、宣言するかたちで「天地の創造主」から始まって「永遠のいのちを信じます」と唱えるわけです。

ところで、洗礼式信仰宣言が用いられるさらに以前のミサの時には、ずいぶん長く感じた方もいるかと思います。信条というのは、実は、「使徒信条」だけではなく、もう一つ「ニケアア・コンスタンチノープル信条」があります。これは三八二年、コンスタンティノポリス公会議で採択された信条ですが、「使徒信条」よりも長いもので、一般には「クレド」という名前で知られています。本来、ミサではこちらを使うのがもともとの規則で、カトリックの伝統的なグレゴリアンミサでは、いつもこれが歌われています。

ところが、十二世紀頃から北フランスで、「使徒信条」も使われるようになって、いつの間にか、どちらでもよいということになりました。ギリシャ、ロシア正教会といった東方正教会は、昔も今も「ニケアア・コンスタンチノープル信条」だけを典礼で用いています。というのは、「使徒信条」は信条としては、正式に認められていないからです。

さて、「信条」には教派別にいろいろな種類のものがありますが、「使徒信条」と「ニケア・コンスタンチノープル信条」、そしてもう一つ「アタナシオス信条」というものがあります。この三つはすべてのキリスト教会、あるいは多くの教派が共通の財産として保持しているもので、公同信条あるいは基本信条と呼ばれています。ただ「アタナシオス信条」も東方教会は認めていませんが、カトリックや聖公会それにプロテスタントの一部が信条として認めています。カトリックでは、昔は三位一体の祝日に唱える聖務日課に「アタナシオス信条」を唱える習慣がありましたが、現在では使用されていません。

ところで、この三つの公同信条のうち「ニケア・コンスタンチノープル信条」とか「アタナシオス信条」は、イエスは本当の神様ではないという異端や三位一体の教えに反するような異端に対抗して、正統な教えはこうである、という仕方で生まれたもので、そういう異端は哲学的、神学的な理屈をこね回して攻撃したことから、守る方も理屈をこね回す必要があったわけです。それで「ニケア・コンスタンチノープル信条」も「アタナシオス信条」も、内容の本質的な点は「使徒信条」と変わりません。しかし、私たちにはほとんどチンプンカンプンで難しい哲学用語や神学用語がたくさんあり、頭が痛くなるような内容です。でも「使徒信条」は、そういう難しい理屈は一切抜きにして、聖書の言葉にいちばん忠実で、聖書のメッセージを端的に素朴に表現しているので、カトリックでもプロテスタントでもいちばん親しまれている信条です。ですから、現今のミサでは、「使徒信条」が用いられるわけです。

先ほどから「使徒信条」と言っていますが、これがどうやってできたのか、どうして「使徒信条」と呼ぶのか、ということを少し説明したいと思います。

まず、そもそも「信条」というのは、「キリスト教教義の中心的な点を簡潔にまとめた公的文章」を言うわけです。この信条を英語でcreedと言い、これはラテン語のcredo、つまり「私は信じます」という言葉からできており、信条の基本型は信仰告白であって、例えば、ペトロがイエスに向かって「あなたは生ける神の子キリスト」（マタ16・16）と言ったのも一つの信条に入るわけです。しかし、普通、私たちが信条と呼ぶ最初のものは、いわゆる「古ローマ信条」、あるいは「ローマ信条」と呼ばれるものです。これはおそらく二世紀後半頃からローマ各地の教会共同体で使用されるようになった信条で、これは洗礼式のとき、受洗者がキリスト教信仰の要約として、公に唱える洗礼告白文だったと言われており、それは、父なる神、キリストおよび聖霊に対する、つまり三位一体に対応して、三つの信仰告白からなっていました。その表現形式は、司祭または司教が「これこれを信じますか」と言って、受洗者が「はい、信じます」と答えるような問答形式のものでありましたが、一般化したものは、「私は信じます」という宣言形式のものです。文章も時代や地方によって少し異なっていますが、そこで表現される内容はほとんど同じです。その一例を示すと、次のようになります。ラテン語が原文ですが、これを文語体で訳しますと、「全能の父なる神を信じ、またその独り子われらの主イエス・キリスト、すなわち聖霊とおとめマリアより生まれ、ポンティオ・ピラトのもとにて十字架につけられて葬られ、三日目に死者のうちよりよみがえり、天に昇りて、父の右に座し、かしこより生ける人と死せる人とを裁かんために来たりたもう方を信じたてまつる。われは聖霊、聖なる教会、罪のゆるし、肉身のよみがえりを信じたてまつる」。

これを聞いてみても、「使徒信条」とほとんど変わりません。実は、「使徒信条」のルーツは、この古ローマ信条が「使徒信条」に変化したのは五世紀頃の南フランスの教会だったらしく、それがローマに輸入され、遅くとも十二世紀までには、この信条はローマ全体の公式の信条になったと言われています。しかし、最終的にその文言が確定したのは十六世紀後半で、この最終的な形を「公認本文」と呼び、これが現在、私たちが使っている「使徒信条」です。

さて、使徒信条はラテン語で symbolum apostolicum、つまり「使徒たちの信条」で、symbolum というのが信条に当たり、これはもともと「符牒（ふちょう）」「合い言葉」という意味だったそうです。例えば、昔の戦いの時など「山」と言ったら「川」と答えて、自分が味方であることを分からせる合い言葉という意味を持っていました。それが信条のもともとの意味で、これを唱えることで、自分が正当なキリスト教徒かどうかを区別する合い言葉であったわけです。

では、「使徒信条」にどうして apostolicum「使徒たちの」という言葉がくっついたのかということですが、実は、伝説がもとになってこういう名が付けられたそうです。

五世紀の初め頃、北イタリアのアキレイアという地方の司教で、有名な神学者であったルフィヌスという人が『使徒信条講解』（キリスト教最初の使徒信条に関する解説書）という本を書きました。その中で彼は「使徒信条」という名前の由来について次のように書いています。すなわち聖霊降臨の時、いろいろな言葉が話せるようになった使徒たちが、イエスの派遣の言葉に従って、世界中に宣教しに出かけようとした時、一つの場所に集まって、お互いが宣べ伝える信仰内容を確認するために一つの綱領をまとめ、それが使徒たちの信条として伝えられたということです。

もちろん、これは伝説ですが、伝説というものは時代がたつにつれて、だんだんと尾ひれがついてオーバーになり、八世紀にはプリニウスというベネディクト会士が、使徒たちの宣べ伝える信仰内容を確認するために、どのようにして綱領をまとめたかということを書いています。すなわち使徒たちは、それぞれ自分が信じている項目を一つ持ち寄り、まずペトロが「われは天地の創造主、全能の父なる神を信ず」と口火を切ると、次に弟のアンデレが「われは、そのひとり子、われらの主イエス・キリストを信ず」と続け、十二人（もちろん、イスカリオテのユダの代わりに選ばれたマティアス）の告白がすべて終わってみると、その告白がまるで縫い目のない一枚の布のようにぴったりとつながっており、現在のかたちの「使徒信条」に仕上がった、というものです。その一つ一つの信仰告白が、いかにもその使徒の人柄やエピソードにふさわしい内容であるのが面白く、例えば、十字架のもとにいたヨハネは「十字架につけられ」、復活した主を疑ったトマスは「三日目に死者のうちから復活し」を告白しています。

もちろん、これはでっち上げられた伝説ですが、中世を通じて長い間信じられていた有名な話です。要するに「使徒信条」というのは、使徒たちがつくった信条ですよ、だから権威があるのだ、ということを教えようとしたわけです。もちろん、歴史的には、「使徒信条」は使徒たちの時代よりも何百年もの後にできたわけですから、使徒がつくったというのはウソになりますが、内容的には聖書にさかのぼるものであるわけで、そして、その聖書の内容は使徒たちが伝え始めたのは事実ですから、内容的に使徒にさかのぼるといっても間違いはないわけです。

それでは、これから「使徒信条」の中身について見ていきたいと思います。まず、「使徒信条」が一体どういう文言なのかを、もう一度見てください。「使徒信条」は、何を信じるかという信じるべき項目が羅列されているわけですが、これをテーマ別に分けると、「三位一体」「御父（父なる神）」「御子（イエス・キリスト）」「聖霊」「教会」「救いと完成」という六つのテーマに分けられます。この順に従って進めていくことにします。

2 三位一体

まず、三位一体についてですが、「使徒信条」には三位一体という言葉はありません。しかし、使徒信条の構造としては、順番に御父、御子、聖霊に関する項目の信仰告白になっています。これで分かるように、「使徒信条」は構造的に三位一体への信仰を表明していることが分かります。これはそのルーツである「古ローマ信条」もそうですし、「ニケア・コンスタンチノープル信条」とか「アタナシオス信条」といった公同信条も、基本的に三位一体の構造からなる信条です。実は、キリスト教の教義で、歴史上いちばん早く確立したのがこの三位一体の教義です。この三位一体の信仰はキリスト教が他の宗教と違う最も際立った信仰で、キリスト教のキリスト教たるゆえんは、まさにこの信仰にあります。そして、もう一つ、キリスト教がキリスト教である決定的な教義はイエス・キリストは本当の神であり、本当の人間である、ということです。当たり前だと言えば当たり前ですが、しかし、当たり前だからこそおろそかにしがちですので、ここでしっかり意識しておきたいと思います。というのは、なぜイエスが乙女マリアから生まれたのか、なぜポンティオ・ピラトなどという名前が出てこなければならないか、ということはまさにイエスが真の神、真の人間という教義と深く関わっているからです。この二つの最も基本的な教義が、実はこの初めの三つのテーマの中心です。これに加えて、残りの二つの項目（教会と救いの完成）は、キリスト教を信じる人間の問題がテーマとなっている、という大きな枠組みになっていると考えてください。

ではまず、三位一体について話します。先ほども述べたように、キリスト教信仰が他のどんな宗教からも区別される独自性は、「神は三位一体である」という信仰です。そこで一三三四年、時の教皇ヨハネ22世の時に、聖霊降臨の次の日曜日は全教会でその三位一体の神、つまり父と子と聖霊への信仰を特別に意識させる日と定めて、「三位一体の主日」というものが設けられました。ところが、三位一体というのが、キリスト教信仰の神髄だと言われても、これがどうもよく分からない。分からない、というのは二つの点で分からない。まず第一点は、三位一体の神学的意味、つまり神は唯一だけれど三つのペルソナ（位格）がある、という神学的表現を頭でどう理解したらよいのか。第二は、三位一体の信仰が、一体われわれ人間にとってどういう意味があるのか。第一の点については、キリスト教二千年の間にいろいろな解釈が試みられてきましたが、結局のところ、われわれの頭でいくら考えても無駄だ、ということです。大切なのは、三位一体というものが理屈や理論ではなく、三位一体という信仰がわれわれの信仰にとって、何の意味があるのか、どうして大切なのか、ということです。

実は、三位一体の神の実質的内容は、神は端的に「愛」だ、ということです。神は三位一体であるとは、神の本質は「愛」だ、ということを別の側面から言い直した表現だということです。では、どうして神の愛は三位一体という表現になるのか。それは、神は人間を愛しているという点については一つなのですが、その愛し方が、歴史的に三つあるということです。つまり、人間を愛しているのは同じ神であるが、その愛し方には三つある、ということです。一つは、「応答を求める愛」、二つ目は「自己犠牲的愛」、三つ目は「変革する愛」です。この三つは神の中にいつも同時に存在し、人間の歴史の中では、違った時期にそれぞれ別々に現れた、と考えられるわけです。

まず、「応答を求める愛」というのは、旧約の時代の神、つまり御父の愛し方です。私たちが誰かを愛するとき、その愛している人に何らかの形で、私が愛しているという事実を知ってもらいたい、そしてその愛に答えてほしいと思うのは当然の気持ちです。だからプレゼントやラブレターを出したりして、ひそかに相手がどう出るか、期待しながらその答えを待ちます。旧約の神も同じように、楽園物語、出エジプト記の出来事、預言者などによって、人間を愛していることを知らせました。そして、その応答として、律法を与えました。律法を守ることは、神の愛に対する人間の応答でした。しかし、旧約の歴史は現実には、神の愛を拒否しつづける歴史だったのです。父である神の人間に対する愛は決して報われることはありませんでした。そこで、相手に応答を求める愛は必然的に放棄せざるを得なくなり、軌道修正をせざるを得なくなったわけです。

そこで、現れるのが「自己犠牲的愛」です。これが新約の神、つまり御子キリストの愛し方だったわけです。なぜ、自己犠牲なのか。私たちが人を愛するときは、その対象となる人が、愛するに値する何かを持っているから愛するわけです（美貌、人柄、一緒にいてうれしい、幸福だ）。つまり、その人を愛することで、自分も豊かになるような価値を持っているから愛することができるわけです。しかし、もし、そういう価値がなくなったなら、私たちはもはやその人を愛せなくなるわけです。ところが、神の愛はそうではなく、愛されている当の人間は、旧約の長い歴史が証明するように、もはやその愛に報いてくれるような価値はなくなってしまい、むしろ神を拒否する者、無価値なあるいは反価値的な存在となっていきました。にもかかわらず、神は人間を愛しつづけ、その愛は愛されるに値しない者を愛する愛だから、自分にとっては何の益もなく価値もないわけです。そういう無価値な存在を愛するとき、その愛は必ず自己を否定し、自己を放棄し、自己を犠牲とする愛にならざるを得ないわけです。そのように、相手から何の見返りも期待せず、ただ与えるだけの、ただ消耗しつづけるだけの愛に生きたのがキリストです。そのような自己犠牲的愛のクライマックスが、すなわち十字架だったというわけです。ところが、父の愛にしても、子であるキリストの愛にしても、愛される人間は相変わらずその愛を拒否し、背くという点において変化はなく、その愛は人間をありのままの状態で「包む」という性質のものであったわけですが、そこでは人間の内部は変わっていないわけです。人間の内面の状態がそのままで、キリストの愛に包まれていることを、別の言葉では「ゆるし」と言います。十字架の自己犠牲は、だからゆるしの最大のしるしだったわけです。

そこで最後に登場するのが「変革する愛」です。これが聖霊による愛です。イエスは復活します。復活は死への勝利を意味します。死への勝利とは、言いかえれば罪への勝利です。死に打ち勝ち、罪に打ち勝った神の愛が、イエスの復活です。この勝利者であるイエスが、与える霊、それが「聖霊」です。この聖霊は人間を内部から変革する力を持っています。キリストは罪人をその罪のまま包み愛する方ですが、聖霊は罪人の内にまで来て、その内面の状態を変革し、清める愛の主体です。聖霊によって変革された人間はどうなるか、そのことは聖霊降臨の出来事がはっきり伝えています。それまで、イエスを裏切ったまま戦々恐々としていた弟子たちが、キリストがいかに自分たちを愛していたか、キリストの語ったことが何を意味していたかをそこではっきりと悟り、このキリストのために働こうとする勇気、大胆さ、力を得ます。まったく新しい人間に生まれ変わったわけです。そのような人間を変革する聖霊が働く時代を「教会の時代」と呼び、この時代は世の終わりまで続きます。こうして神の愛は聖霊によって完全に開花したと言えます。

以上、三つの神の愛の在り方は、しかし、いずれも唯一にして同一の神から出るものであるから、三位一体と呼ばれるわけです。私たちが、三位一体の神を崇め、信じるということは、何か抽象的に三つで一つなどという無味乾燥なことを信じ込むのでは決してなく、神の三つの愛、「応答を求める愛」、「自己犠牲的愛」、「変革する愛」を受け入れるということです。そして、そこから当然、私たちの生き方というものがどのようにあるべきか、自然に答えが出てきます。つまり、私たちは神から愛されているのですが、第一に、その愛に対して応答を求められている、ということですから、できる限り応答するよう努力すべきだということです。その応答こそ、イエスが私たちに教えた愛の掟であります。神を愛し、隣人を愛せよ、というあの黄金律です。キリスト者の倫理というのはまさに、神の愛への応答なのです。倫理とはそこに意味があるわけです。しかし、私たちは不完全で、神様が望むような応答は決して果たしきれない。愛に答えるどころか、愛に背くことがむしろ多いのが人間の現実です。罪とはそういうことです。神様の愛に十分応えられない、いや背くことすらできるという限界状況、これが罪であって、人間が罪人だとはそういう状況に制約されている状態を言います。そういう人間に対してさえも、応答を求める愛のみを突きつけるのがユダヤ教の神様です。厳格な父の愛というイメージです。しかし、キリスト教はそれだけが神様の愛だとは言わず、キリスト教の神様の愛は自己犠牲的な愛でもあるのです。それは、罪人を罪人のままに包み込む愛です。傷を持つ人間として受け入れる神です。ゆるす愛です。キリストの十字架死が示した愛です。だから、私たちにはキリストの死が福音、幸いな知らせになるということです。駄目な人間であることに絶望する理由はないのです。いや絶望するどころか、私たちは神様から外側から包み込むゆるしや愛だけではなく、内側から私たち自身を変革する愛までも受けているということです。それが聖霊という愛です。私たちが、本当に神に愛されているのだ、ということを心から実感し、駄目は駄目なりに、神様のため、人のために自分を使おう、自分を消耗させようとするとき、実は私たちの内に変革する聖霊の愛が働いているということです。聖霊による内的変革を別の言葉で言うならば「聖霊の刷新」です。しかし、聖霊の刷新は私たちの意識の底で働くのが常ですから、聖霊が働いているということはあまり自覚できません。だから、これをもっと生き生きと体験的に意識化させようとするのが、全世界のカトリックに見られる聖霊刷新運動、カリスマ運動と言われるものです。

三位一体の信仰とは、結局、キリスト教が徹底した愛の宗教であるということの別の表現なのです。だから、三位一体はわれわれ人間にとって、本当にありがたい教えなのです。とにかく、三位一体は、常に愛との関わりで教えることがポイントです。

使徒信条の構造（6つのテーマ）について

〈御父〉

天地の創造主、
全能の父である神を信じます。

〈御子〉

父のひとり子、わたしたちの主
イエス・キリストを信じます。
主は聖霊によってやどり、
おとめマリアから生まれ、
ポンティオ・ピラトのもとで苦しみを受け、
十字架につけられて死に、葬られ、
陰府（よみ）に下り、
三日目に死者のうちから復活し、

三位一体

天に昇って、
全能の父である神の右の座に着き、
生者と死者を裁くために来られます。

三位一体

〈聖霊〉
聖霊を信じ、

〈教会〉
聖なる普遍の教会、

〈聖徒〉
聖徒の交わり、

〈救いと完成〉
罪のゆるし、
からだの復活、
永遠のいのちを信じます。　アーメン。

3 父なる神

父なる神に対する最初の信仰告白は、日本語では「天地の創造主」となっていますが、ラテン語では「全能の父である神」が真っ先に出てきますので、この順序に従って話をします。「全能の父である神」、ここには神様が「全能」であるということ、および「父」であるという二つの信仰告白が表明されています。ここで、とても重要なことは、全能と父ということは絶対に切り離して考えてはいけないということです。確かにイエスも聖霊も神である限り全能でありますが、少なくとも言葉の上で全能の子キリストだとか、全能の聖霊とは言わない、ということは、もし神が全能だと言われるときには、それは、神が父であるから、という点に根拠があるということです。一体何を言いたいかと申しますと、神が全能だという、その全能の意味を正しく理解するためです。そのことを少し話したいと思います。

誤解のないよう言いますが、神が全能だということは、神は無条件に何でもできる、という意味では決してない、ということです。この「無条件に」というのがミソです。もし、何の条件もなく、神は何でもできるのだと言うなら、どうしてこの世の不条理な苦しみを取り除くことができないのかとか、神は人間を愛していると言いながら、人間はなぜ苦しむのか。それは神が人間を愛していないないか、愛していても、人間を守るだけの能力がないかのどちらかではないか、という疑問が出てきます。さらに、何でもできるとなれば、例えばウソをつくこともできるわけです。あるいは罪を犯すこともできます。もし、神が地上の独裁者のように、欲しいままに力を行使する支配者であるならば、自分の思うままにできるわけです。しかし、神が全能だというのは、そういう意味ではありません。つまり無条件に何でもできるということではなく、ちゃんと条件があるわけです。すなわち「父」として、という制限があります。父として全能だということです。だから、父と全能は決して切り離してはならないわけです。どういうことかと言うと、親子を例にとって言えば、子どもにとって、何でもできるお父さんというのは頼もしくて、かっこいいし、そうあってほしいと思っています。そして友達にも僕のお父さんは何でもできるよ、と言いふらしたくなるものです。しかし、何でもできるといっても、お父さんが子どもを産むことができると考えるでしょうか。あるいは産んでほしいと思うでしょうか。あるいはそう言いふらすでしょうか。子どもを産むのはお母さんにしかできない、ということは子どもでも分かっています。だから、子どもがお父さんに何でもできてほしいと思うのは、「無条件に何でも」ではなく、「お父さんとして」ということが、暗黙のうちに了解されているはずです。それと同じように、全能の神というのは、「お父さんとして全能の神」というのが肝心なところです。もっと、はっきり言うならば、「お父さんの役割を果たすために何でもできる」ということです。お父さんの役割を果たすために何でもできる、ということは、言いかえれば、子どもの成長のために何でもできる、ということであって、今日は疲れているけれど、やっぱり仕事に行く。優しくしてあげたいけど、甘やかすことはできないから、ためらうことなく叱ることができる。つまり、お父さんがやるべきことはすべてやれる状態にある、というのが、つまり神の全能であるということです。そして、ここがとても大切ですが、なぜ何でもできるのか、それは人間を愛しているからです。愛がエネルギーとなっている。愛が全能の根拠だということです。何か圧倒的な力を見せつけて人間を自分に引き寄せるためではなく、子どもに幸せになってほしいという親の愛を貫こうとするために何でもやる、それが神の全能です。全能は愛から切り離しては絶対にいけないことです。ですから、全能の神とは「父としての全能の神」、ということをしっかり押さえておいてください。

そして、もう一つ大切な点は、われわれが神をお父さんと呼べるのは、私たちは、その父なる神の子どもだからです。神の子どもとは、神の機械やロボットではなく、難しく言えば「人格をもつ存在」ということです。人格をもつということは自由に決断をなす存在、主体的な存在だということです。創世記に次のような話があります。「園の木を食べるなという命令（2・16－17参照）」。これは人間を「主体的な存在」として創造したことを暗示しています。キーワードは「命じた」（命令の内容はどうでもよい）にあります。人間以外の神が造った被造物（動物、植物、天体）は神の意志に従って、自然法則（動物では本能）に強制されて、必然的にそれに服しています。そこには善とか悪という倫理はありません。しかし、神は人間にはこの強制力を発動しませんでした。強制する代わりに、命令をしました。強制と命令は違います。強制には選びとる余地はありません。しかし、命令は従う自由も従わない自由もあります。自己の責任において自由に自発的に従うか従わないかを選ぶ。これはあくまで、人間が主体的な存在であるという理解を前提にしています。結局は最初の人間は従わない羽目になり、つまり神に背くことを選ぶことになります。よく「なぜ、神は悪を犯すことのできない人間を創らなかったか」ということを聞きますが、それは無意味な質問です。「罪を犯せない存在」は「神の命令に従わざるを得ない人間」となり、神の命令に強制的に必然的に服する存在です。これは人間が人間であることをやめて、他の自然的被造物と同じモノになることを意味します。他の被造物とは違う「人間」であることの証しは主体的に、自分で選ぶ能力が在るということであって、それがなければ人間とは言えません。（したがって、洗脳とかマインド・コントロールは、人間を主体的な存在として造った神に対して大変な冒瀆（ぼうとく）を犯していることになる）。この主体的な存在としての人間を神が造ったということは、神は、まさにその主体性ゆえに、人間がご自分の愛や意志に反する可能性をひっくるめて造ったということを意味します。もし、決して反しないような人間、つまり自動的に神の意志に従う人間だけを造ったとしたら、われわれは操り人形で、この世界は神に自由に操られる人形芝居の舞台にすぎません。キリスト教が考える人間は、神に向かうか、神に反するかを決める主体性をもった人間です。これが幸福なことか、不幸なことかも人間が判断すればよいことであって、これを不幸だと感じる人の気持ちを否定はしませんが、神はそのように造ることを善とされました。しかも、他の被造物に比べて「非常によい」とされた、ということを私たちは少なくとも否定することはできません。ですから、神は全能だとは言っても、子である人間に裏切られるという可能性をも引き受けているのだ、ということです。だから、ずいぶんと制約された全能なのです。ですから、絶対的な意味での「全能」は、私たちが信じる神様にはない、ということをはっきりさせておいてください。父としての制約された全能の方、これがキリスト教の神です。

次に、父なる神は同時に「天地の創造主」であるという点です。「天地」という言葉は、正確に言えば、神以外のすべてのもの、という意味です。これは「ニケア・コンスタンチノープル信条」の「天と地、見えるもの、見えないもの、すべてのものの造り主を」ということと同じ意味です。まず、ここではっきりさせたいことは、神が天地を造ったという表現を科学のレベルと同じレベルで考えてはならないということです。特に、理屈をこねる中学生からこういうことに関連する質問を受けたら、それをはっきり言わねばなりません。「天地の創造主」というのは宗教の表現であって、自然科学の表現ではないということです。これをごちゃ混ぜにするから、創世記は、科学と矛盾する、という言い方が出てくるわけです。宗教と科学は矛盾もしなければ、対立もしません。なぜなら、両方とも言っている目的がまったく違い、出る舞台が違うからです。科学は、自然現象を追求し、その現象の普遍的な妥当するような説明をしようとする学問です。例えば、進化論は動物の進化のプロセスを、あるいはビッグバン説（一五〇～一六〇億年前にケシ粒よりも、もっと小さなものであったのが、突然爆発して、どんどん膨張して現在のような宇宙ができた）などのように、科学は自然現象の説明なのです。しかし、宗教は自然現象の奥にある根源的な意味について発言します。説明ではなく、意味の発言です。ですから、次元が違うわけです。宗教は科学の説明を否定するとか、肯定するとかという立場にありませんし、（昔は科学と宗教の区別がついてなかったので、ガリレオのように、教会から攻撃されたこともありましたが）、逆に、宗教の発言を科学は否定も肯定もしません。「科学者」は否定するかもしれないし、肯定するかもしれないが、科学そのものは否定も肯定もしません。なぜなら、両方とも出る舞台が違うからです。そこのところを、はっきりさせておかねばなりません。

では、宗教の表現としての「神は天地を造った」という表現の中で、何が具体的に信じるべき事柄なのか、ということです。第一のポイントは、創世記には、初めに神は天地を造られた、とありますが、その「初めに」とは実は時間的な初めという意味ではなく、根源的、本質的に言えば、ということです。本質的、根源的には、「天地は神なしには存在し得ない」、ということを言っており、どのようにできたか、というのが聖書の意図ではありません。「どのように」は科学に任せておけばよいことです。トマス・アクィナスは、創造信仰の説明の中で、世界のすべてのものの原因は神の意志であると述べ、世界は神が創造する意志を持ち続けている間、万物は存在し続ける。だから、世界が常に存在しているということは必然的な事柄ではなく、神が創造し続けているからなのだ、と強調しているわけです。端的に言えば、世界は神なしには存在しない、ということです。第二のポイントは、神は絶対的な超越者だということです。世界は逆に神から造られた被造物です。製作者と作品の関係です。製作者と作品は絶対的な区別があります。たとえ作品がいくら製作者よりも美しい人形であっても、造られたという事実は永遠に変わりません。この造られたという事実を超えることはできません。こういうふうに神が万物を造った、というその「造った」ということは、造った神と造られた被造物には乗り越えられない断絶があるということを意味します。断絶があるということは、被造物はいくら「自分で」頑張っても、神のようにはなれないし、神に近づくこともできない。だから、神は被造物から見たら、絶対に超越した存在です。他の宗教、特に日本の神道がそうですが、神は自然そのもの、山の神、海の神というふうに、この世のあらゆるものが神様で、これを汎神論と言います。キリスト教の神は、絶対に汎神論ではありません。この世と神は、難しい言葉で「非連続」です。この非連続性が超越性ということの根拠です。しかし、ここで、誤解してはならないのは、神が超越者だということを、何か空間的に、距離的に遠く隔たった存在だ、というふうにイメージしないことです。パウロはアテネのギリシャ人にはっきりと言っています。「神はわたしたち一人一人から遠く離れてはおられません。皆さんのうちのある詩人たちも、『我らは神の中に生き、動き、存在する』『我らもその子孫である』と、言っているとおりです」（使17・27－28）。キリスト教は汎神論ではありません。しかし、私たちを存在せしめ、その中に私たちは生きているのですから、キリスト教は井上洋治神父の言い方ですが「汎在神論」です。言葉を変えれば、皆さんも聞いているように「神の遍在性」です。そういう意味で、神はどこにでもいらっしゃるというわけですが、それでも私たちは、私たちの力で、神に近づくことも、神になることも絶対できない、それが、神の超越性です。

もしこのような、われわれとは断絶したままの神であるならばユダヤ教と変わりありません。しかし、「使徒信条」は、さらに次の大切な項目で、イエス・キリストに関する項目に移るわけです。このイエスの登場によって、神と人間との断絶はある意味では克服されたということが大事です。先に言いますが、キリスト教の本質はキリスト自身への信仰が出発点です。このキリストという存在が、ユダヤ教と決定的に違います。もしユダヤ教に、「使徒信条」があったとするなら、それは「われは天地の創造主、全能の神を信じます」で、終わるわけです。しかし、キリスト教はそれで終わらない、これが決定的な違いです。

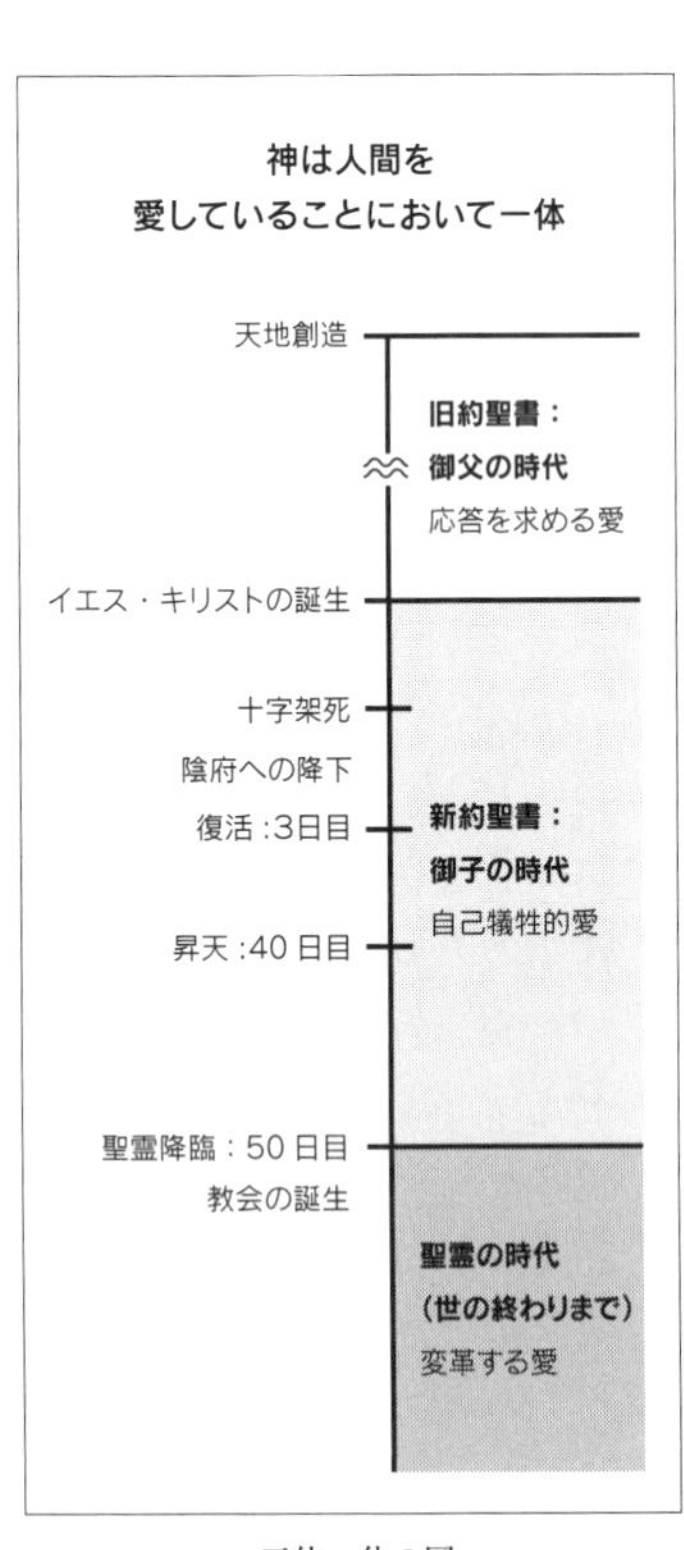

三位一体の図

4　イエス・キリスト

私たちはイエスのことを「メシア」、救い主と呼んでいます。「キリスト」というのはギリシャ語で「救い主」を意味します。ですから、イエス・キリストは「救い主イエス」という意味で、キリストは名字ではなく、いわばタイトル（称号）です。私たちが「イエス・キリスト」と呼ぶとき、同時に私たちは「イエスは救い主です」と言っているわけです。ですから、「イエス・キリスト」とは、そのまま信仰告白になっています。ちなみに、「父と子と聖霊のみ名によって」と言うのは、単なる呪文ではなく、「私は三位一体の神を信じます」という信仰告白をおこなっています。東方教会では、父と子と聖霊は三本指で、右手の親指と人差し指と中指の先を合わせて、この合わせられた三本の指は三位一体を表し、右手の指の形を整えたうえで、額・

胸・右肩・左肩の順に指を動かして「十字を画き（描き）」[1]ます。ところで、残る二本の指にも実は意味があります。それはキリストが本当の神であり、本当の人間であるということ。難しい言葉では、キリストの人性と神性の二つの本性を象徴しているわけです。実は、「使徒信条」の二番目の項目、つまりイエスに関する信仰告白の本来の意図は、イエスは本当に神であり、本当に人間であるということを言っているのです。

なぜ、このことが強調されねばならないかというと、イエスは本当に救い主なのだ、ということを根拠づけたいためです。なぜ、イエスが救い主であることを言う

（1）「十字を切る」（西方教会）、「十字を描く」（東方教会）の形は、もともと西方教会も東方教会も右肩から左肩で同じでしたが、十四世紀以降、西方教会は左肩から右肩へと自然と変わったようです。なぜ、西方教会と東方教会の間で、十字の切り方、描き方が左右逆になったのかについての原因や根拠は不明です。

ために、イエスは本当に神であり、本当に人間であったか、ということが強調されねばならないのでしょうか。イエスがただ神であってもいいじゃないか、本当の人間でなくてもいいじゃないか、ということもなるほどと言えるかもしれません。あるいは、逆に、本当の神でなくたって別にいいじゃないか、本当の神は父なる神だけなのだから、イエスという人間を使って救いをまっとうすることもできるじゃないか、とも言えるわけです。ところが、昔の人の考え方は、今はそれが通用するかは別として、ある一つの公理（一般的に広く通用する真理・道理）というものがありました。それは、AとBとCというものがあるとします。AとCはまったく異なる性質をもっています。このまったく異なる性質のAとCを結びつける役目をBが持っているとします。この結びつきが可能になるためには、BはAの要素を全部もち、かつCの要素も全部もっていなければならない、と昔の人は考えたわけです。これは聖書にはない、一つのいわば公理です。しかし、この公理は聖書にもあてはまるべきであると考えるのが昔の人です。つまり、キリスト教の中心メッセージは、何度も言うように、イエスはキリスト、救い主だということですが、これを理屈でもって根拠づけるために、公理を当てはめたわけです。すなわち、イエスは救い主だというけれど、具体的には、それまで断絶していた神と人間の関係によりを戻す、ということが救いの意味であって、そのよりを戻すためには、イエスは同時に神の性質と人間の性質をもたねばならない、と説明したわけです。

では、なぜ、わざわざそういう理屈をこねる必要があったかというと、ここで、私たちは「使徒信条」がつくられた古代キリスト教時代の状況というものを知る必要があります。いちばん始めにも言ったように、「ニケア・コンスタンチノープル信条」とか、「アタナシオス信条」はそのときの異端と区別するために、正統な考えは何かということを表明するため造られたのです。「使徒信条」も実は、ただ何となくでき上がったわけではなく、やはり、異端的な考えが教会を脅かそうとしていたので、これを防御するためにつくられました。では、その頃の異端的な考えは何かというと、実は先ほど言った、イエスは本当の人間ではなかった、という考えとは逆に、本当の神ではなかった、という二つの考え方だったのです。教会は、こういう異端を何とか排除しようと数百年にわたって幾度も公会議を開き、信条をつくりました。しかし、「使徒信条」ができた原因は、キリスト教の中でも最初に襲った異端で、グノーシス主義[2]にあると言われています。これは大変複雑な思想ですが、

---

(2) グノーシス主義　グノーシス主義は、地上の生の悲惨さは、この世界が「悪の世界」であると考えた。現実を迷妄や希望的観測などを排して率直に世界を眺めるとき、この宇宙はまさに「善の世界」などではなく「悪の世界」に他ならないと考えた。これがグノーシス主義の特徴の一つである。世界が本来的に悪であるなら、他の諸宗教・思想の伝える神や神々が善であるというのは、間違いであるとグノーシス主義では考えた。つまり、この世界が悪であるならば、善とされる神々も、彼らがこの悪である世界の原因なので、実は悪の神、「偽の神」である。そのため、彼らは悪の世界（＝現実）は「物質」で構成されており、それ故に物質は悪である。また物質で造られた肉体も悪である。なら、「霊」あるいは「イデア」こそは真の存在であり世界であると考えた。ここから善悪と物質、精神の二元論が成り立った。

特にキリスト教にとって危ないのは、神の世界は善であるが、物質は悪、この世は悪という考えです。ですから、善なる神が悪であるこの世を造ったはずがない、ということになります。では誰が造ったかというと、至高の神の下の階級に属するもう一人のデミウルゴス（製作者）がいて、この世が悪なのはこの神の責任だとする考えです。こういう考えに対して、キリスト教は、はっきり違うと言います。つまり、この世は唯一の神に直接造られたのだから、この世が悪だとは絶対言えない。それが、実は神を「天地の創造主」と告白する項目として強調されています。グノーシス主義のもう一つの考えは、キリストは至高の神からの使者としてこの世に来たが、彼は決して本当の人間ではなかった。人間の仮面をかぶり、つまり現人神であって、人間のように振る舞っただけで、だから、十字架にかかっても、人間という抜け殻だけが死んで、本当のイエスは目に見えない形で存在し続けた。ゆえに、復活などもうそである。死んではいないのだから、ということです。これを「仮現論」と言います。これに対してキリスト教は、そうではなく、キリストは「人間のようだった」のではなく、本当に人間だった、ということを強調したわけです。

いよいよ本題に入りますが、なぜ、「使徒信条」に、イエスが「マリアから生まれた」とか、「ポンティオ・ピラト」の名前が出てくるのか、その謎が解けるわけです。イエスが、「生まれた」でいいじゃないか、ただ「死んだ」でいいじゃないかと思われるでしょうが、それだけでは、本当に人間だったというには足りないと考えられたからです。つまり、マリアもピラトも実在した歴史上の人間です。イエスは、ただ漠然とこの世に来たのではなく、二千年前にナザレに住んでいた貧しい家の娘マリアから生まれた。つまりありふれた一人のまぎれもない人間の誕生なのだ、ということです。そして、イエスはただこの世を去ったのではなく、本当に死んだということを強調するために、当時のピラトというローマ人がユダヤの総督だった頃という具体的な歴史上の出来事だったことを言わねばならなかったわけです。人間であることの証拠は本当に生まれ、本当に死んだということ、これが昔のメンタリティーです。ですから、「使徒信条」はイエスの誕生のあと、一足飛びにイエスの死について語るわけです。なぜなら、イエスが本当の人間でないと、救い主とは言えないという根本的な問題が出てくるからです。

本当の人間であるということの強調点は、もう一つの信仰箇条にも現れています。それは「陰府（よみ）に下り」という言葉です。昔は「古聖所」（旧約の義人たちがいた死の世界）と言われていました。実はこの部分は、大昔から現代に至るまで、一体どう解釈したらよいか、大いに議論されている言葉です。この信仰箇条は、本来の考えは、イエスは十字架に架けられて亡くなられてから復活するまでの三日間、死者の世界に降りていって、そこで何らかの仕事をなされたということです。仕事というのは一つには宣教されたということ、もう一つは死の世界を滅ぼして、そこに囚われた死者たちを救い出して神の国に連れ戻したという二つの考えがありました。これは、聖書のいくつかの箇所を根拠にそういう考えがでてきたのですが、聖書を書いた本人が本当にそういうことを意図していたかということは賛否両論あり、しかし、いずれにしても信仰箇条の中に入っているから、これをキリスト教の偉い学者さんたちは、何とか意味あるようにしようと苦心しました。それで、現代のカトリックもプロテスタントも大体次のように解釈しています。陰府に下ったというのは、古代の人の考えでは、すべての人は死ねば陰府に行くと考えていたので、イエスも同じように死んで陰府に行ったということで、イエスはやっぱり普通の本物の人間と同じ運命をたどったのだ、つまり本当に人間として死んだのだ、ということを強調したと解釈しています。つまり、「陰府に下り」はイエスは死んだということの本物性を強調するものだということです。

では、イエスが本当の人間だということはこれでカバーできるとしても、今度はイエスは本当の神だということも強調されねばなりませんが、「使徒信条」ができた状況ではさしあたって、イエスの人間性が問題になっていたので、これに関心が集中しました。キリストが神だということは当時としては当然であったので、ことさらに言う必要がなかったわけです。が、それでも、まったくイエスが神であるということを言ってないかというと、そうではありません。先ほどイエスはマリアから生まれた、とあり、それはイエスの人間性が強調されていると言いましたが、同時に、イエスが本当の人間だけではなく、神の子でもある、ということが強調されています。すなわち、マリアからではなく、「おとめ」マリアから生まれたと「使徒信条」は言っています。しかも、その前に「聖霊によりて宿り」があります。これはマタイとルカが証言しています。つまり、イエスは聖霊の力で、マリアの胎内に宿り、おとめのままのマリアから生まれた、ということです。多くのキリスト者は、イエスが聖霊によって身ごもったということはまだ何とか分かりますが、マリアが処女でイエスを生んだというのは信じられない、ということです。つまり処女懐胎は医学的にありえないから、ウソだというわけです。ですから、こういう人の解釈だと、イエスが処女から生まれたというのは、あくまで、聖霊によって生まれた、つまり、人間の業が介入できないほど圧倒的な力がマリアに及び、イエスは生まれた。だから男の介入は許さないということを強調したいために、マリアは処女だったと主張しているのです。つまり処女というのはシンボル的な表現であるというわけです。歴史的な事実ではない、というのです。はっきり言いますが、これは異端です。教会は二千年の間、マリアの本当の処女性を重要な教義として守ってきています。しかし、ここ三十年ぐらいの間に、これを否定するような意見がカトリック神学者の中にも出てきて、過去にスリランカの有名な神学者が破門されたということを聞いています。

さて、科学主義という言葉があります。これは、科学で説明されえないものは、みな否定されるべきである、という考えです。しかし、これは、科学の相対性を無視した考えです。科学は進歩するものです。進歩するということは、以前は科学的に解明されなかったことでも、将来は解明されることがあるということです。ということは、今、現在、科学で説明できないこともいつか将来、説明できるかもしれないという可能性を否定してはいけない、ということです。現代は特に生命科学が著しく発展しています。DNAの構造も少しずつ解明されています。しかし、そんな時代であっても、例えば、トカゲのしっぽが切れると、なぜまた、もとのままの長さと太さのしっぽが生えるのか、実はまったく分からないのです。科学主義の立場なら、どういうことになるのか。しっぽが生えることの説明ができないから、それはウソだということになります。本当の科学的な態度とは、科学の力は絶対ではなく、相対的なのだと認めることです。だから、科学者が宗教を信じてもおかしくないばかりか、最先端を担っている科学者の中に神を信じる多くの人がいるということは、珍しくも何ともないわけです。

処女降誕というのは、確かに医学的に説明できません。しかし、それは「現在の医学では」ということを念頭に置かねばなりません。だから絶対にないはずだと考えるのは、科学主義です。あったとしても、現段階では説明できないというのが正しい考えです。処女降誕はいつか説明できる可能性があるわけで、神がいるということは、この世の終わりまで科学では証明できません。とにかく、大切なことは、神の自由な選びということです。処女懐胎とイエスが神の子であるということは、論理的な必然性はありません。処女懐胎だから神の子が証明されるわけでもなければ、イエスが普通の生殖によって生まれたとしても、神から遣わされた方だということに別に差し障りはありません。神は自由意志で、イエスをおとめから生まれさせるということを「選んだ」のであって、われわれは素直にその選びを信じるだけです。なぜかと問う必要もありません。ですから、処女懐胎が大切な教義になっているのは、マリアが処女だったという、その事実そのものが大切なのではなく、神がそう望んで計画し実行したから大切なのです。

ですから、カトリックでは、神の選びにあずかったマリアをも大切にします。カトリックの教義には、「使徒信条」にはないですが、無原罪の御宿り（一八五四年十二月八日、ピオ9世）とか、マリアの被昇天（一九五〇年八月十五日、ピオ12世）を教義にしています。他のキリスト教はこれを教義にしていません。聖書にないからです。しかし、カトリックの教義は聖書だけが根拠ではありません。いわゆる聖なる伝承、聖伝（聖書以外の伝統、教父や教皇の言葉）も根拠にしていますのでこういう違いが出てきます。もちろん、それが聖書の思想に反しているなら駄目です。たとえ、聖書に書かれていなくても、聖書の言葉から帰結されるような考えが伝統になれば、それも教義の根拠になるというのがカトリックの立場です。無原罪の御宿りの理屈はこうです。イエスには罪がありませんから、罪ある人間からは生まれるはずがない。したがって、マリアはイエスを生む段階では罪はなかった。ところが、三世紀ごろに書かれた「マリアの誕生」という民間伝承には、ガリラヤのナザレに住んでいたヨアキムとアンナに天使が現れて、マリアが生まれるけれど、この子は将来、イエスをおとめのまま生むということが予言されています。つまり、マリアは生まれる前からイエスの母となる運命にあった、ということが言われています。ということは、マリアは生まれてから立派な大人になって、罪を犯さないようになってから、イエスの母になるよう定められていたのではなく、生まれる前から予定されていた、となれば、罪の汚れは生まれる段階でも無かったはずです。人間が生まれながらにして持っている罪の汚れは原罪です。だからマリアは懐胎した瞬間から原罪はなかったというわけです。被昇天はこの無原罪の論理的な帰結です。キリスト教の教えでは、原罪の結果の一つに、人間は死の腐敗を被ることになった、というのがあります。しかし、マリアには原罪がなかったので、死んでも腐敗するようなことにはならず、魂のみならず肉体もともに神のみもとに召されたと考えます。いずれにしても、この二つはマリアだけに与えられた特権です。でも誤解してはならないのは、マリアが個人として並外れて立派だったからこういう特権が与えられたわけではなく、この特権は神の自由な選びによるということです。何の取り柄もない素朴な娘を選んでくれた神様が偉いのであって、マリアの偉さはマリア自身にあるのではなく、神にあるということです。ですから、行き過ぎたマリア信心は駄目なのです。マリアを神と同等の立場において礼拝することを、行き過ぎたマリア信心と言います。マリア信心そのものはよいことですし、カトリックも薦めます。しかし、神様そっちのけ、キリストそっちのけのマリア信心はキリスト教的ではありません。マリア信心の真の目的は、マリアを通して神を崇め、マリアを通して神に願うことです。

さて、いよいよ「イエスの復活」です。ここで、復活の神学を話すつもりはありません。ただ、信者として少なくとも知っておくべきことは、復活は「生き返る」、「蘇生」ではありません。神が死を滅ぼすことによって、イエスを永遠のいのちへ誕生させたことを意味し、それによって、私たちもキリストの復活に結ばれて、神の国の完成のときに永遠のいのちに参与させられるという約束を神からもらったということです。大切なことは、どうして復活は大切なのか、どうして復活はすばらしいのか、うれしいのかを感じることです。

復活祭というのは、キリスト教会最大の、そして最も重要なお祝いです。カトリック、プロテスタント、聖公会、ギリシャやロシア正教会にしろ、一年中で最も盛大に祝われる祭りです。ギリシャやロシア正教会での徹夜祭が最も盛大かつ荘厳かつ長大であります。（アトス：午後八時から翌朝の十一時。つまり十五時間）。どうして、復活祭が年間の教会の行事の中で、最も大切なのか。それは、教会が誕生するそもそもの動機が、キリストの復活にあったからです。つまり、キリストがこの世を去られた後の、残された弟子たちの最初の宣教内容は「主は復活した」という証言であり、その証言を信じる人々がキリストの弟子たちを中心に集まって、初めて教会が生まれたからです。キリストが生前何をなさったのか、何をおっしゃったのか、あるいはどのように生まれたか、が最初の宣教の内容ではなかったわけです。ですから、キリストの生涯を綴った福音書もいちばん先にできたのは受難と復活の物語です。つまり、今、私たちが手にしている福音書の最後の部分がいちばん先にあって、それを出発点にして、後からキリストの言った言葉とか、出来事などに関するいろいろな伝承を集めてキリストの伝記ができたわけです。というより、復活という信仰が先にあったから、ああ、やっぱりあのナザレのイエスは本物の神の子で、救い主なのだ、という信仰が基礎となって、このキリストの生前も、単なる一人の人間の生涯ではなかったはずだ、という関心事が出てきて、そのような視点から、キリストの伝記を宣教目的で綴ろうと考えて、マタイ、マルコ、ルカ、ヨハネという人が、いろいろな伝承や資料を集めて福音書を書いたわけです。ですからもし、キリストが復活した、という信仰が生まれなかったら、大工の息子で、ローマに対する反逆罪で死刑に処せられた一人の男、たとえ生前偉大な宗教運動で名を馳せた人物であっても、単なるユダヤ教の新興宗教の指導者、しかも大失敗した指導者の生涯など、誰も関心を持つはずはなかったはずです。たとえ、誰かが、それでもあの人は救い主だったと思い込んで宣教し始めたとしても、誰も耳を貸してはくれず、せいぜいあいつは洗脳された奴だと言われるのがオチです。ですからパウロははっきり、「もしキリストのよみがえりがなかったとしたら、わたしたちの宣教はむなしく、あなたがたの信仰もまたむなしい」(一コリ15・14)という有名な言葉を残したわけです。復活というのは、ですから、私たちキリスト者の信仰の基盤であり、中心です。だから、復活祭は一年で最も大切な祭儀なわけです。

ところで、キリストの復活を祝うということについて、いちばん肝心なことは、キリストの復活はわれわれ人間の「ため」なのだ、ということを明確に意識することです。私たちは知らず知らずのうちにこのことを忘れて、「ああ、キリストは復活した、よかった、よかった」と、一体、何がおめでたいのかよく分からないのに「主の復活おめでとう」とよく口にします。よくよく考えてみると、ただキリストが復活したからおめでたいのではないのです。おめでたいのは、キリストが「私たちのために」復活したからなのです。ですから、互いに「主の復活おめでとう」とあいさつするのは、キリストに向かって「おめでとう」と言っているのではなく、「キリストは私たちのために復活してくださいました。おめでとう」とあいさつするのです。だから、「おめでとう」の対象は「私たち」にあるわけです。ここのところをしっかりおさえなくてはなりません。

この人間のための復活、という考えに関して、少し余談ですが、復活を描いたキリスト教絵画を見ると面白い事実を発見します。ヨーロッパのキリスト教、言いかえればカトリックやプロテスタントの美術に描かれる復活図は、どれを見ても同じ構図をとっています。つまり、一人の復活したキリスト、墓の上、眠りこける番兵。私たちが普通に目にする絵はこういうものです。ところが、東方キリスト教、つまりロシアとかギリシャ正教会の宗教画、つまりイコンに描かれる復活のキリストの絵は、これとはずいぶん違っています。西洋の復活の絵とまず違うところは、キリストの足元に描かれているものです。よく見ると二枚の板と金具みたいなものが雑然と置かれているように描かれています。これは陰府（よみ）の国に歴史の最初から死者を閉じこめていた扉とそれに掛けられていた錠前がキリストによって、粉々に踏みつぶされたことを描いています（時々、死者を支配していた悪魔もつぶれた姿で描かれる）。これは、キリストの復活は死への勝利であるということを表しています。しかし、ヨーロッパの絵と最も違う点は、眠りこける兵士の代わりに、必ず二人の人間、しかも男と女が描かれていて、しかもその手をキリストが引っ張りあげていることとです。これはアダムとエバです。彼ら以外にも、ダビデやソロモンなど旧約に登場する義人たちもその周囲に描かれています。一体キリストは何をしているのかというと、アダムとエバを死の世界から引っ張りあげているのです。これは、アダムとエバの犯したいわゆる原罪によって、死というものが人類の避けられない運命となり、人間はキリストの時代まで死に支配され続けてきたが、キリストの復活により、死は打ち砕かれ、閉じこめられていた人類すべてが死の世界から解放された、という聖書的考えを表現したものです。つまり、ヨーロッパの一人だけの復活キリストを描くのに対し、東方では、キリストがすべての死者と連帯して、「さあ、お前たちも来い」と言わんばかりに、ぐっと手を引っ張って彼らと一緒に復活するのです。イコンのどの復活図もこのモチーフです。

こうして見てくると、少なくとも美術に表現されたモチーフを見る限り、他の者を一切寄せつけないような、まばゆいばかりの孤高のキリストを描くカトリックやプロテスタントよりも、死者の国まで降りて行って、せっせと人間を救い出している復活者キリストを描く東方正教会の方が、キリストの復活はわれわれ人間のため、という思想をはるかに強く意識していることがよく分かります。非常に神話的ではありますが、キリストの復活のありがたみ、というのがよく伝わってくるのではないかと思います。

私たちは駄目になりそうなことがいくらでもありますが、ちょうどイエスの手に引っ張られて、陰府の世界から救い上げられるアダムとエバのように、そのたびに復活したイエスが助けてくださる。イエスが復活されたのは、私の手を引っ張るためなのだ。一人よがりや嫉妬や偽善や怠惰、その他いろいろな欠点があってずいぶんと重たくなっている私の体を、イエスはそれでも軽々と引っ張りあげてくださる。私たちの罪の重さは、イエスの愛の重さに比べたら軽いものです。そして、とても大切なことは、イエスはいったんつかんだ手は、最後まで決して放さないということです。たとえ、自分から放そうとしても、イエスは放さない。復活はイエスがそういうことを約束した出来事なのだ、ということが分かっていただければ十分だと思います。

ピエロ・デラ・フランチェスカの「キリストの復活」
(西方教会の復活の構図)

（東方教会の復活の構図）

さて、次に主の昇天ですが、「使徒信条」では「天に昇って、全能の父である神の右の座に着き」とあります。これはマルコ福音書16章19節「主イエスは、弟子たちに話した後、天に上げられ、神の右の座に着かれた」という記事がもとになっています。より詳しくは使徒言行録1章6節から11節にありますが、そこでは「神の右の座に着いた」という表現はありません。いずれにせよ、この「天に昇り」も、神の「右に座った」というのも、内容的には同じことを意味しています。つまり、復活なさったイエスは、神の領域に戻ったということです。昔は、神の領域は天にあると考えられていたので、どうしても上に昇らなくてはいけない。と、そういうふうに天を空間的に捉えていましたが、神学的には、父なる神のもとに帰り、父なる神とともに同じ栄光の中に入れられた、ということです。では、「神の右の座」とは何でしょうか。

例えば、三月三日には雛(ひな)祭りを祝いますが、お内裏(だいり)さまが真ん中で、右大臣、左大臣がいて、五人囃子(ばやし)が並び、日本では右大臣よりも左大臣の方が上の位だそうです。しかし、中国では右が優れているという考えがあって、これに影響されてか、日本でも「彼の右に出る者はいない」という言い方があります。あるいは「右腕」です。旧約聖書にも「右」という言葉がたくさん出てきます。右あるいは右の手というのは力の象徴で、また右側というのは側近という意味に近いそうです。つまり、非常に優れた者、非常に力がある者という意味を込めているのが旧約の考えで、これを新約も受け継ぎました。つまり、神の右の座に座るというのは、神様と同じ権威と力、支配力を持っているという意味です。つまり、父なる神と同じ栄光を受ける存在となったということで、昇天と同じことです。

でも、問題はこの教義が私たちにどういう意味があるのか、昇天を目撃したのは言うまでもなく弟子たちです。弟子たちにしてみれば昇天はお別れの出来事です。普通、お別れというのは寂しいものです。特に大好きな人ともう会えないというときは、別れがつらくて涙が出るような、いつまでも別れを惜しむ雰囲気になるのが普通であって、誰も別れを大いに喜ぶというのはあまりありません。別れていく身にしても、残された人が多いに喜ぶような人間ではありたくないし、とにかく別れは湿っぽいものです。ところが、ルカ福音書の昇天の記事を読むと、別れを惜しむ湿っぽい雰囲気が全然なく、別れるイエスも、あっと言う間に天に昇り、残された弟子たちも非常に元気で、「それじゃ、バイバイ」というような、妙に明るい雰囲気です。「彼らは大きな喜びを抱いてエルサレムに帰った」。弟子たちは、名残を惜しむどころか、喜び勇んで別れの場所を、あっと言う間に去ったわけです。使徒言行録では、ちょっと雰囲気が違っており、イエスはあっと言う間に昇らずに、まず雲のお迎えがあって、それに乗ってだんだんと上に昇っている印象を受けます。弟子たちもイエスがだんだん遠く小さくなっていくのをじっと眺めながら、何となく別れを惜しんでいるような姿が想像されます。しかし、ぽかんと口を開けて天を見つめている弟子たちに向かって、天使が現れて「こら、天ばかりボーッと見つめて突っ立ってないで、早く行け」とたしなめる。つまり、どっちにしても、昇天は確かにお別れですが、寂しい別れ、悲しい別れを訴えているわけではなく、逆に喜ぶべき別れであると訴えています。これはなぜか。それは昇天というのは、単なる別れではないからです。確かに弟子たちはイエスとお別れして、そして二度と会うことはできません。しかし、その代わりに、別れたイエスは、二千年前のイスラエルに生きたイエス、つまり時間と空間に支配されたイエスに他ならない。でも、昇天という出来事は、この時間、空間に支配された地上のイエスが、時間と空間に支配されない天のキリストに変わったということを意味します。つまり、ご昇天というのは、地上のイエスとの結びつきが終わって、天のキリストとの結びつきが生まれた、始まった出来事です。終わりと同時に始まりです。別れと同時に新しい出会いの出来事です。だから、単なる悲しい別れではない。もう二度と会えないという種類の別れではなく、それどころか、もっと出会いを深める別れであると言えます。二千年前の、しかも日本とはまったく別の世界の中近東の一地方に生きていた人々にしか姿を見せなかったイエスは、天に昇ることによって、世界を覆う大空のように、いつでもどこでも誰にでも見られる大空のように、地球上のすべての人と出会うことのできる方になったということです。弟子たちだけのイエス様だったのですが、今や全世界の、日本の、この○○○市の、○○○町の、この○○○教会の、そして何よりも、この私のイエスになってくださったということです。今、現実に私とともに生きてくださるイエスになってくださった。ですから、昇天の祝日は喜びの祝日なのであって、私たちにしてみれば、遠路はるばる遠い世界から、ようこそ私のもとにおいでくださいました、と歓迎する出会いの祝日です。だから、うれしいわけです。

次は、「生者と死者を裁くために来られます」です。これがすなわち、キリストの再臨ですが、これは「使徒信条」の最後の「からだの復活と永遠のいのち」と深く関わっていますので、そこでお話しします。

5 聖　霊

それでは、次に、聖霊に関する信仰箇条について見てみましょう。「使徒信条」では、「聖霊を信じ」と実に簡単に終わっていますが、いったい聖霊の何を信じるべきか、少し考えてみたいと思います。言うまでもなく、聖霊は三位一体の第三のペルソナですが、ペルソナとは言っても、父なる神とか子なるキリストと違って、何だか、意志とか自由をもった人格的な存在ではなく、何か物みたいなイメージがあり、だから私たちは神様、イエス様とは言うけど、「聖霊様」とは言いません。聖霊、聖霊と失礼にも呼び捨てしていることに何の疑問も持たないというのが、やはり、聖霊は神とは何か別物というイメージがあります。それに確かに、例えば、教会の伝統的な祈りに「聖霊、来てください」という祈りがあり、私たちは毎朝歌っていますが、一方では、神様に向かって「聖霊をください」と、何だか聖霊を物のようにイメージします。ですから聖霊は一方では、恵みの与え主ですが、聖霊自身も恵みの一部みたいな、そういう実に曖昧な存在で、分かりにくい。それに、イエスも父なる神も人間の姿で描かれ、聖霊は鳩（はと）とか舌の形の火のように描かれるから、余計、聖霊が人格的存在だと言われてもピンときません。それもそのはずで、聖霊と訳された日本語はヘブライ語でルアハ、ギリシャ語でプネウマといって、それは風とか息とか息吹を意味し、風や息のように何かつかみどころのないものです。ですから、ペルソナとは言っても、結局、私たちには分からない。だから、東方の有名な神学者ロスキーは、ペルソナとしての聖霊は終末において完全に自己を表すのであって、それまでは「霊はペルソナとして顕現せず、その顕現においてさえ自ら隠れている」（『キリスト教東方の神秘神学』203頁）と言って、結局のところ、聖霊の理解は語ることのできない神秘なのだ、ということです。

聖霊がもうひとつピンとこない原因は、聖霊に対する呼び名が聖書にはいっぱいあるということです。聖書の中では助け主、慰め主、神の霊、キリストの霊、恵みの与え主、とりなしの霊、真理の霊、いのちを与える霊（一コリ15・45参照）、他にもあるかもしれませんが、とにかくいっぱいあって、結局神様に当てはまるようなことが全部聖霊にもつけられています。しかしだからこそ、聖霊は神様なのだということが逆に、こういう聖書の呼び名から分かるわけです。単なる精神的な力とか、ふわふわ飛び回る幽霊ではなく、れっきとした神様なのだということです。

しかし、古代の、特にギリシャ教会ではもう一つ別の理由で、聖霊はどうしても神でなければならない、という考えがありました。それは、人間の救いと密接に関連していることです。古代のギリシャ、そして現在もそうですが、救いというのは、西方教会のように罪で傷つけられた人間の癒やし、というよりも、人間が神にまで高められるというか、人間の本性が神の本性に受け入れられること、という考えが強くて、これを「神化」と呼んでいます。人間の神化というのが救いということです。そして、この神化を可能にしたのがキリストの受肉です。実は、キリストが人となったのは、人が神になるためという「交換思想」がギリシャ教父の神学で、キリストが人となったことによって、神と人の間にいわば通路をもうけたと考えます。では、この通路を通って神にまで人を押し上げる力は何かというと、これが聖霊です。しかし、この聖霊は神でなくてはならない。なぜなら、人を神様のもとに高めることが可能になるのは、聖霊自身が神の領域にいなくては、そこまで高めることはできないと考えたからです。実に合理的ですが、昔の人はそのために真剣に聖霊の神性を擁護しました。ここでも分かるとおり、聖霊が神だという教義は、人間の救いと深く関連しているわけです。ですから、「聖霊を信じる」という信仰箇条で、聖霊の何を信じるかというと、まず何よりも、端的に聖霊は神様だということです。

しかも、神における父と子と並ぶ第三のペルソナとしての神であると信じることです。ペルソナですから、どんなイメージかピンと来なくとも、人格的存在、つまりパーソナルな存在として、私のことを「思ってくれる」、私とパーソナルな関係を持ってくれる存在、私の祈りを聞いてくださる神様なのだ、ということを信じることです。

では、この神様である聖霊はいったいどんな役割をもっているのか、少し聖書の中を調べてみましょう。聖霊という言葉は新約聖書にはいっぱい出てきますが、実は旧約聖書のいちばん最初から次々に出てきます。先ほども述べたように、聖霊は呼吸とか風というのが本来の意味でしたが、それが人間の事柄に当てはめられて、人間の「命」、それが抽象化されて人間の「霊魂」を指すようになり、そこから「神の霊」というふうに発展したのですが、この「神の霊」という言葉は、創世記第1章2節にすぐに出てきます。「初めに、神は天地を創造された(1節)。地は混沌であって、闇が深淵の面にあり、神の霊が水の面を動いていた」。こうして初めて世の創造が始まります。つまり、世の創造にすでに、どういう仕方か分かりませんが、聖霊は関与してくるわけです。ただ、生き物の創造については、はっきりと聖霊の役割が示されています。つまり、人間を初め、あらゆる生き物の「命の源」になったということです。神が息を送ったら、すべてのものは生きるものとなったと詩編にあるように、命は神の息、つまり聖霊に由来するということが言われています。日本語は便利で、「息」と「生きる」はよく似ている言葉です。ヘブライ語でも、息も命も同じ言葉です。

さて、聖霊は旧約の中で別の働きも持っています。神の霊はサムソンのような「士師」、エリヤやエリシャのような「預言者」、ダビデのような「王様」など、選ばれた人に降ります。彼らは別人のようになって不思議な業を行ったり、預言したりします。まるで超人のようになるのです。それは彼らをヒーローにするためではなく、神がご自分の計画を実行なさるために、ある特定の人を選んで、その人に特定の使命を与え、その人が使命を果たすことができるよう助ける、その助けの源が聖霊です。

次に、聖霊は人間の心を照らす光のようなものと考えられています。特に旧約の後期の時代になるとこれが強調されます。それをよく示しているのが詩編51・10–14です。「神よ、わたしの内に清い心を創造し、新しく確かな霊を授けてください。

み前からわたしを退けず、あなたの聖なる霊を取り上げないでください。御救いの喜びを再びわたしに味わわせ、自由の霊によって支えてください」。すなわち、聖霊は人の心の中に静かに入り込み、内から神の声を聞かせ、人が神のみ旨に従って生きるよう仕向けるのです。つまり、聖霊の倫理的な側面が強調されています。

旧約聖書の聖霊のもう一つの側面は、聖霊はメシアの到来によってすべての人に注がれることになるということです。旧約聖書全体を貫くテーマは、将来決定的な救いをもたらすメシアが到来するということですが、このメシアはイザヤの言葉を借りれば「主の霊がとどまり」（イザ11・2参照）、知恵と悟り、主を恐れる霊として彼の中で働くだろうと預言されています。イザヤ書は、このメシア自身にも「主なる神の霊がわたしの上におられる。主はわたしに油を注がれた」（イザ61・1参照）と語らせています。そして、この聖霊の働きにより、メシアは伝道の業を行うことになり、その彼の業によって、神の民全体に聖霊が注がれるという約束がなされるのです（イザ35・15参照）。しかも、そういうことが起こるのは終末のときだ、というわけです。ヨエル書にも、主の日、つまり終わりのときに、「わたしはすべての人にわが霊を注ぐ」（ヨエ3・1）とあって、すべての人が神の道を歩めるようにすると神様は約束しています。

この旧約で約束されたメシアこそがイエス・キリストなのだと考えるのが新約聖書です。ですから、聖霊に関して旧約で預言されたこと全部がイエスに当てはまっていきます。いや、むしろもっと強調されています。まず第一に、聖霊はメシアに注がれて彼の上にとどまるとありますが、イエスの場合はとどまるどころか、始めから終わりまで、聖霊を注がれています。イエスは、その誕生からすでに聖霊にお世話になっています。ルカとマタイは、イエスが聖霊によってマリアの胎内に宿ったと述べています。それをしっかり「使徒信条」は受け継いで、「聖霊によりて宿り」とわざわざ付け加え、それからのイエスの行動は全部、聖霊が促しています。まず、ヨルダン川で洗礼を受けたとき、聖霊が出てきて、本当は生まれるときから関わっていたのに、改めてイエスの上に降ってくる。それから、四十日間も飲まず食わず荒れ野での試練を促したのも聖霊（ルカ4・1－13参照）で、それが終わって故郷ガリラヤに帰れと言ったのも聖霊（ルカ4・14－15参照）でした。それからイエスが初めて神の福音を宣べ伝えた場所は、ナザレの会堂でした。その説教の材料にとイエスが読んだ聖書のテキストはイザヤ書でその出だしの言葉が、「主の霊が私の上におられる」です。その後、イエスは方々で伝道しますが、イエスが神の言葉を語るのは、「神から無限に霊をもらっているからだ」と、ヨハネは書いています（ヨハ3・34参照）。ご存じのようにイエスは奇跡もたくさん行い、特に、悪霊の追い出しは聖霊によって行っているとイエス自身が言われました（マタ12・28参照）。そして救いの総決算である十字架上の死も、イエスが勝手にしたことではなく、ヘブライ書には「永遠の霊によって」（ヘブ9・14参照）ご自身をささげたのだ、とはっきり書かれています。復活もそうです。イエスは勝手に自分の力で復活したのではなく、復活させせられたのです。誰からか、もちろん神からです。「聖霊によって復活した」という言葉は聖書にはありませんが、神の業はイコール聖霊の業ですから、聖霊によって復活させられたと言っても間違いではありません。このように、イエスは全生涯を通じて聖霊に支配されていたということが分かります。

次に、旧約では、神はメシアを通じてすべての民に聖霊を注ぐと預言されていました。これも見事にイエスに当てはまっています。まずイエスは最後の晩餐のとき、自らこういう約束を弟子たちにします。「父は別の弁護者を遣わして、永遠にあなたがたと一緒にいるようにしてくださる。この方は、真理の霊である。世は、この霊を見ようとも知ろうともしないので、受け入れることができない。しかし、あなたがたはこの霊を知っている。この霊があなたがたと共におり、これからも、あなたがたの内にいるからである」（ヨハ14・16－17）。つまり、聖霊を与えるだろうと預言しています。これを読むと私たちは、ああ、聖霊降臨のことかな、と思ってしまうのですが、実はそのずっと前にすでに二回も起こっています。まず、それはイエスが十字架に架けられ、亡くなられた直後です。ヨハネ福音書は非常に象徴的な言葉で書いています。兵士が槍でイエスの脇腹を刺すと、血と水が流れ出たと報告しています（ヨハ19・34参照）。ヨハネ福音書の考えでは、このように水が流れ出たことは、聖霊の授与のしるしだったということです。つまり、イエスが命を犠牲にされて、愛の道の到達点に至ったときに、聖霊が与えられるようになっていたわけです。しかし、二回目は復活の三日後です。弟子たちはびくびくしながら、一つの部屋に鍵を閉めてひっそり集まっていました。そこへ復活したイエスが現れて、彼らに息を吹きかけ「聖霊を受けなさい」（ヨハ20・22）と言われます。これが二回目です。そして、いよいよ三回目が、イエスが昇天した後です。復活から五十日目、あの聖霊降臨の出来事です（使2・1―4参照）。この聖霊降臨は特別な意味がありす。それはこの出来事によって、正式に教会が誕生したと考えられているわけです。聖霊降臨は「教会の誕生日」です。弟子たちは、聖霊降臨までは臆病者だったのですが、ペトロは聖霊を受けて大胆に主キリストの救いの時代の突入を宣言するわけです。その説教に心を動かされて、「私たちはどうしたらよいか」と尋ねた人々に、ペトロは言います。「悔い改めなさい。めいめい、イエス・キリストの名によって洗礼を受け、罪を赦していただきなさい。そうすれば、賜物として聖霊を受けます」（使2・38）。これが、教会の始まりです。大事なのは、洗礼を受けると聖霊が与えられるということ、つまり教会は、聖霊を受けた者が集まって誕生したということです。

こうして、旧約のメシアについて預言されていたこと、つまりメシアによってすべての民が聖霊を受けるという約束は、キリストが教会を設立し、そしてこの教会に所属するすべての人々に聖霊が与えられるという仕方で成就したわけです。そういう意味で聖霊と教会は深く結びついているわけです。だから、「使徒信条」も「聖霊を信じ」の直後に「聖なる普遍の教会を信じ」とつながるわけです。そこで今度は、その教会について話さなければなりませんが、聖霊についてはまだ大事なことがありますので、それに触れておかねばなりません。それは「聖霊の七つの賜物」です。最近ではあまりこの言葉を聞きませんが、これはカトリック固有の教えで、教義ともなっています。これはとても古い時代に作られたもので、三八二年に初めてローマ教会会議で採択された教えです。この七つの賜物とは、知恵（一コリ1・24）、聡明（詩31・8）、賢慮（イザ9・6）、剛毅（一コリ1・24）知識（エフェ3・19、フィレ3・8）、孝愛（ヨハ14・6）、敬畏（詩111・10、格9・10）。言い方は違うかもしれませんが、すべて聖書に基づいて考え出されたものです。典拠となる箇所が新約聖書と旧約聖書が混ざっているので、あまりピンときません。そこで、新約聖書だけに限って見てみると、聖霊の賜物には六つぐらいあり、ネメシェギ神父はこれを聖霊の実りという言葉を使っていますが、その六つの実りは「信仰」（一コリ1・18–2・16）、「愛」（ロマ5・5）、「一致」（エフェ4・2–4）、「人の心に刻まれた法則」（ロマ8・2）、「自由」（二コリ3・17）、「喜び」（ガラ5・22）です。これ以外に聖霊の賜物、いわゆるカリスマですが、使徒たちの時代には、特別なカリスマを与えられた多くの人がいたようで、例えば、預言を語る、異言、それを解く力など詳しいことは一コリ12・1–31にありますが、しかし、ここで強調されているのは、自分に与えられた賜物がすばらしいと言って高ぶったり、逆に大したことはないと言って十分に活用しないことがあってはならないということです。

もう一つ、聖書は聖霊に関して大切なことを言っています。それは祈りと聖霊の関係です。私たちは祈りますが、実は私たちが自らの意志で祈りたいと思うのは、実は私たちではなく聖霊がそうさせているということです。それをパウロは、「この霊（私たちを神の子とする霊）によって、私たちは『アッバ、父よ』と呼ぶのです」（ロマ8・15）と言って、聖霊によって内から動かされた人は、父なる神に信頼をもって「父ちゃん」と祈るのだと言っているわけです。しかも、どう祈るか分からなくても、「聖霊自らが、言葉に表せないうめきをもってとりなしてくださる」（ロマ8・26）と言っています。祈りは聖霊のうめきなのです。私たちは聖霊に向かって祈ることもあるし、神様に向かって聖霊をくださいと祈ることもありますが、聖霊は、実は第一義的には私たちを「祈らせてくれる方」だということです。

このように、聖霊はまだ他にもいろいろな仕事がありますが、ひと言で聖霊を言い表すならば、聖霊は確かに神様なのですが、父なる神と子なるキリストが天にいる神であるならば、聖霊は内在する神、「内に住む」神というふうに言えます。これはパウロもはっきり言っています。「あなたがたは、自分が神の神殿であり、神の霊が自分たちの内に住んでいることを知らないのですか」(一コリ3・16)。つまり、人間の内側に住んでいて、内側から人間に働きかける神です。正確に言うならば、父なる神も子なるキリストも、聖霊において私たちと関わっているのだ、ということです。ですから、初めに戻りますが、「聖霊を信じ」とは、何を信じるのかというと、聖霊は神なのですが、私の内にいて、私の中で活動している神なのだ、ということを信じるのです。なぜ信じるのか、それは通常の感覚では意識されないからです。目に見え、感じることを信じるとは言いません。目に見えず分からないからこそ、感じられないからこそ信じるのです。

6 教会

「使徒信条」では「聖なる普遍の教会を信じ」となっています。「教会」という言葉は、英語では church、ドイツ語では Kirche と言いますが、これはギリシャ語の kuriakos（主に属する）からきています。ギリシャ語にもちゃんと「教会」という言葉があります。それがエクレシア（使19・32、39、41）です。エクレシアとは本来「呼び集められたもの」という意味で、古代ギリシャでは市民たちの「集会」とか「議会」を意味していましたが、キリスト教ではこれを「教会」の意味に使うようになりました。つまり、神様から、あるいは正確に言うとキリストの名によって呼び集められた者、召し出された者の集まりということです。それで、ラテン語もギリシャ語をそのまま用いてエクレシアと言います（フランス語は église、イタリア語 chiesa）。

このエクレシアには、二つの修飾語がついています。「聖なる」(sanctam)と「普遍の」(catholicam)です。この「カトリカム」というラテン語から「カトリック」という言葉ができて、カトリックというのは、「公の」、「公同の」「普遍的」という意味で、カトリック教会とは、本来は「公の」「普遍の」教会という意味ですから、昔はカトリックを「公教会」と訳していました。プロテスタントはこれを「公同の」と訳していますが、ドイツ語では「カトリッシュ」となり、ラテン語をドイツ語化したものを使うプロテスタントは、カトリッシュと言ったら「カトリック教会」となるので、特別に言葉を変えて「クリストリッシュ」といって「キリストの教会」と言いかえています。(「普遍」は全部という概念なのに、カトリックという派閥を表すようになって、本来の意味に反しています。正教会のエヴァンゲリッシュも同じです)。

先ほど述べましたように、教会の誕生日は聖霊降臨の日です。つまり、イエスが聖霊によって生まれたように、教会も聖霊によって生まれたのです。そして、聖霊によって生まれたイエスに、聖霊がとどまり、その生涯が聖霊に支配され、聖霊に導かれたように、教会にもまた聖霊がとどまり、その発展の歴史は聖霊に支配され、聖霊に導かれる、それがキリスト教会の信仰です。ですから、教会は聖霊の「神殿」とか「家」と呼ばれます。「教会を信じ」というのは、根本的には教会は聖霊に生かされ、聖霊に導かれていることを信じます、という意味です。したがって、教会を信じる前提は聖霊への信仰にあるわけです。ですから、「使徒信条」は「聖霊を信じ」のあとに「教会を信じ」と唱えるのです。この順番はそういう意味でとても大事なのです。

ところで、これに関してトマス・アクィナスは非常にいいところに着目していま す。「使徒信条」はラテン語が原文ですが、父なる神、イエス・キリスト、聖霊を信じる、という場合、ラテン語では credo in と言います。つまり credo に in がつく。ところが、「教会」には in がついていない。文法的には、in が無いのではなく省略されていると考えられますが、トマスは、これは省略したのではなく初めから無いので、もし in が省略されているなら、父なる神、イエス・キリスト、聖霊を信じる、というのと同じレベルでの信仰になるので不適切だというわけです。なぜなら、この三つのペルソナは被造物ではなく、教会は被造物だから、被造物とそうでないものとを同等に信じるのは間違いで、だから、教会の前にinをつけてはならないというわけです。しかし、もし仮にcredo inという言葉を教会にも当てはめるとするならば、それは「教会を聖なるものたらしめる聖霊を信ずる」限りにおいてでなければならないと言っています（S.T.,II–II,1,9, ad 5）。ここでも教会への信仰は聖霊への信仰を前提とし、条件としているということがはっきり言われています。

さて、教会を大きく分けると、二つの側面をもっています。これも信者として知っておくべきことで、教会に関する辞書や書物には必ず触れられています。すなわち、教会は「新しい神の民」と呼ばれ、一方、「キリストの体」とも呼ばれています。

まず、新しい神の民についてですが、「新しい」が付くぐらいだから「古い」神の民もあるわけで、それが旧約のイスラエルの民です。教会はこのイスラエルの民と比較される関係として考えられます。イスラエルは神からの人類の救いへの準備のために「選び出された」民で、「主の民」（民11・29、申27・9など）と呼ばれていますが、教会もその言葉どおり神から「呼び集められた」者の集団です。しかし、なぜ呼び集められたのか。それはせっかく人類の救いのために選ばれたイスラエルの民が、実際に救いを完成するために遣わされたイエスを拒否してしまい、選ばれた者としての特権を失ったから、代わりの民を改めて集めなければならなかった。では、それはどういう民か、もちろんイエスを受け入れる者の集まりです。これが教会であって、神の新しい民と呼ばれるゆえんです。しかも、この神の民は、古い神の民と違って人種、国籍の違いを越えて、あらゆる民族の中から、神の言葉と聖霊によって呼び集められた信者たちの集いです。そして、この新しい神の民の使命は何か、もちろん、古い民に与えられていた使命、つまり人類の救いへの準備を続行することです。しかし、続行と言っても古い民と同じ方法はとりません。イスラエルの宗教の根本は律法でした。律法を浸透させることで、人類に神への立ち返りを訴えました。しかし、教会はキリストへの信仰を広めることで、神への立ち返りを訴えるわけです。

次に、キリストの体としての教会です。教会が「キリストの体」だと最初に言ったのはパウロです。エフェソ1・23で「教会はキリストの体であり」、とパウロは言っています。他にも一コリント12・27、エフェソ4・12、コロサイ1・18などにも出てきます。カトリックでは、本物のキリストの体と区別するためによく「キリストの神秘体」と言うこともありますが、近頃は言いません。パウロが教会をキリストの体と呼ぶのは、人間の体のそれぞれの部分が互いに影響し合って一つの体であるように、教会は、一人ひとりの信者が互いに結び合うことで、いわばキリストという一つの有機体を形成しているのです。では、各人がキリストの体の一部分ならば、それを結びつける血管や骨や筋肉に当たる部分は何かというと、それが聖霊です。しかも、カトリックはこれを「単なる比喩(ひゆ)」とは見なしません(どのカトリックの神学者もそう強調します)。比喩は比喩でも「単なる」ではない。つまり、比喩にも段階があって、まったくの比喩というより現実に近い比喩があるわけです。例えば、性格がものすごく明るい人は、「太陽のように」明るい人だと言います。これはまったくの比喩です。その人は太陽でもないし、「明るい」も質が違います。しかし、あの人は禿げていて、太陽のように明るいと言ったら、これはもう単なる比喩ではなくなります。確かに太陽ではないけど、「明るい」というのは、性格が明るいのとは違って、質的にも同じ目に見える明るさですから、より現実に近い比喩です。教会がキリストの体と言うときも、やはりより現実に近い比喩だという意味で、単なる比喩ではない、と言っているわけです。単なる比喩ならば、普通の人間の集団や組織でも体になぞらえることができますが、教会は単なる比喩ではなく、キリストの体という現実に近い比喩です。そのより「現実に近い」比喩にさせているものとは何かというと、言うまでもなくご聖体です。私たちはミサのとき、同じキリストの体を拝領しています。つまり、キリストの体と具体的に一致している私たち一人ひとりが集まるならば、つまり、キリストの体の集合体です。しかし、いくらご聖体がたくさんあっても、例えば、百個のご聖体があれば、百人のキリストがいるわけではありません。ご聖体をいただくということは、みんなが同じ一つのキリストの体に参与することです。そういう意味でパウロは言っています。「パンは一つだから、わたしたちは大勢でも一つの体です。皆が一つのパンを共にいただくからです」（一コリ10・17）と言っています。ですから、本当は聖体をいただく者の集まりは単なるキリストの体の「集合体」ではなく、正確には、私たち自身が唯一のキリストの体の一部分なのだということです。しかし最近、カトリックはあまり「キリストの神秘体」としての教会ということを言わなくなりました。というのは、教会とキリストの体の結びつきを強調する意味で、ピオ12世の回勅『キリストの神秘体』（一九四三年）が発表されました。その中にある目に見える制度的なカトリック教会を「第二のキリスト」とか「受肉の延長」という言葉についてプロテスタントから、それは一回しかないキリストの受肉の重要性を相対化している、あるいは軽んじているという誤解を受けたので、対立を防ぐために、あまり言わなくなったのです。もう一つの理由は、キリストの体と教会の結びつきは、ミサにおける聖体を要にして理解されますから、どうしてもミサという儀式に教会のあり方を見ようとする傾向に傾き、教会のもう一つの側面、つまり、世界に対する宣教共同体としての教会という面が薄くなってしまいます。そんな理由から、あまり強調されなくなってしまいました。

さて、「使徒信条」では単なる教会でなく、sanctam ecclesiam、つまり「聖なる教会」と言われています。この教会が「聖なる」とはどんな意味でしょうか。高潔で、清らかな信者の集まりだから「聖なる」なのか。それなら、教会は決して「聖なる」などとおかしくて言えません。教会は昔も今も罪人の集まりです。それにもかかわらず、なぜ「聖なる」なのか。二つの意味が込められています。まず、一つは簡単です。教会は聖霊によって生まれ、聖霊によって生かされているからです。たとえ、構成員が出来損ないでも、聖霊によって皆が結びつけられて、一つのキリストの体を構成しているからです。たとえ、この手がしもやけでみっともなくても、聖霊という骨と筋肉と血でキリストの体の構成メンバーになっているからです。「聖なる」とは、つまり一部分ではなく、この部分を結びつける聖霊が「聖なる」から「聖なる教会」と言われるのです。もう一つの意味は、実際にそれぞれの部分が、やはり「聖なる」ものという意味で考えられます。「聖なる」という言葉のもともとの意味は、旧約聖書以来「選び分かたれたもの」です。つまり、教会の構成員が「聖なる」とは、もともと「選び分かたれた」者だということです。選び分かたれたのは無意味ではありません。何かの目的のために分かたれたのです。つまり意味ある使命があるから分かたれたのです。その使命はともかく、教会はある特定の目的のために召し出された者の集団であり、その限りで「聖なる」集団と言われるわけです。

次に、問題の catholicam「普遍」教会ということですが、このカトリカムはまるでカトリックの独占物のように見られがちですが、プロテスタントでも、カトリカムな教会を信じると唱えているわけです。そういう意味からすれば、もともとカトリカム・エクレシアとは、今、現にある制度的な、あるいはキリスト教の一派であるカトリック教会を信じますという意味ではありません。では、それぞれの教派がすべて異口同音に同じ一つのカトリカムな教会を信じますというそのカトリカム、「普遍的」と訳されるこの言葉の意味はなんでしょうか。プロテスタントはこれを「公同の」と訳していますが、これは正式な日本語とは言えませんが、間違ってはいません。つまり同じ一つの教会という意味です。

では、「同じ」とは何か。これは、誤解しないでください。教会は同じではないよ、何十、何百も異なった教派、分派に別れているではないか、と考えてしまいがちですが、ここで、「同じ」教会と言うのと、バラバラになっている教会というのは決して矛盾する関係にあるのではありません。ここで言う教会は、教派のことを指しているのではありません。教会というのは難しく言うなら「普遍」概念です。教派はこの普遍概念に含まれる一つの具体的形態、サンプルです。例えば、人間というのは普遍概念ですが、具体的には日本人やアメリカ人が存在するように、教会という普遍概念を具体化したものがカトリックであり、プロテスタントであり、聖公会なのです。ですから、そういう意味では、われわれが唱えている「普遍」の教会というのは、まったく正しいわけです。つまり、普遍概念としての教会を信じます、ということです。教派はたくさんあっても、私は、そのすべてを包括している同じ一つの教会を信じます、と唱えているわけです。「ニケア・コンスタンチノープル信条」では、ですから、「同じ」だけではなく「唯一の」という言葉も入れて、普遍概念である教会への信仰を強調しています。では、この普遍概念としての教会はいつ造られたのか。何度も言うように、聖霊降臨のときです。聖霊降臨を体験したのは使徒たちです。この使徒たちが、いわば最初の教会集団ということになります。ということは、普遍の教会というのは、使徒たちにさかのぼる、使徒たちに由来する教会ということになり、それが現在も続いているということです。ですから、普遍の教会は使徒から受け継がれた限りにおいて教会と言えるわけです。この使徒から受け継がれている限りで教会が教会と呼ばれるにふさわしいことを、教会の「使徒継承性」と言います。ですから「ニケア・コンスタンチノープル信条」では、(聖)聖なる、(公)普遍の、使徒的、(一)唯一の教会とわざわざ言っていますが、これは「使徒信条」ではカトリカムの中に含まれていると考えてよいのです。それで、この普遍概念としての具体化である各教派も、自分たちの教会は使徒にさかのぼるものだということを言わねばなりません。ですから、何とかいろいろがんばってその使徒継承性を証明しようとするわけです。これが証明されないかぎり、キリスト教会とは呼ばれないから真剣です。教会の対立はまさにここにあります。相手の教派の使徒継承性を認めようとしないから対立が起こるわけです。でも、これは間違っています。今、目に見えているいろいろな教派はみな、人間の集団です。人間の集団である限り、本来の普遍的教会にとっては必要でない要素も混じってしまわざるを得ませんから、自分たちの組織は百パーセント使徒に由来するなどと主張するのは傲慢です。自分たちの教会は、普遍教会という目に見えない純粋な教会の使徒継承性に「与(あずか)らせていただいているのだ」という謙虚さが本当は必要です。それがエキュメニズムにとって肝心なことだと思います。

さて、教会への信仰については、「使徒信条」にはこれ以上何も述べられていませんが、教会について、カトリックとして知っておかねばならない教義は「秘跡」です。というより、教会への信仰を具体的な行為によって示すのが秘跡ですから、教会理解には不可欠な要素です。しかし、これについて論ずるとそれだけでも大変な時間を要しますので、最低限必要なことだけ触れておきます。まず、秘跡には洗礼、堅信、聖体、ゆるし、婚姻、叙階、病者の塗油の七つがあります。ここでそれらが秘跡と呼ばれるわけですが、この秘跡はラテン語で「サクラメント」と言って、これは「目に見えない神の恵みの目に見えるしるし」です。秘跡という日本語はキリスト教しか使わない造語ですが、なかなかうまい言葉です。それは「秘」められたもの（目に見えない神の恵み）が人のもとへ来るときに現れる「跡（しるし）」という意味です。問題は「しるし」の意味です。例えば、洗礼で水をかける、聖変化の言葉や動作、あるいは油を塗る、これは単なる記号ではありません。記号はしるしの一つですが、秘跡はそういう記号と理解してはなりません。秘跡が「しるし」であるというのは、そのしるしが、実際に恵みをもたらす効果をもつ、ということにあります。あるいは神様はしるしを通して実際に私たちに恵みを与えるということです。つまり、秘跡でいう「しるし」は単なる象徴とかシンボルではないということ。これがカトリックの教えです。

プロテスタントでは「秘跡」は「聖礼典」（正教は「機密」）と呼ばれていますが、カトリックのように、恵みを実際にもたらすしるしという考えではなく、象徴というかシンボルとして理解していて、それが直接恵みをもたらすとは考えていないのが一般的です。しかし、実情はもっと複雑で、教派によって意見がさまざま違っているので、喧嘩（けんか）しないようにあまり秘跡の問題に触れなくなってきて、結局、無関心になってきました。ただ、どの派にも共通しているのは、みことばに重点を置く、つまり説教です。説教の言葉が恩恵をもたらす力をもつということで、どんな儀式でも説教が中心になるというのが大体の傾向です。もちろん、プロテスタントは「聖礼典」という言葉があるくらいですから、秘跡を認めます。しかし、それは「洗礼」と「最後の晩餐」を記念する典礼儀式の二つだけです。ここでこの「最後の晩餐を記念する典礼儀式」というのが、カトリックでは「ミサ」とか「聖体祭儀」と呼び、プロテスタントは「聖餐」と言って、確かに秘跡は秘跡なのですがカトリックのいう意味での秘跡とは違って、パンとぶどう酒がキリストの体と血に変わるというふうには理解せず、いろいろ複雑ですが、大方はパンとぶどう酒はキリストの体と血のシンボルとして理解する、あるいは本人がキリストの体と思って拝領すればキリストの体なのだ、という主観的な解釈のどちらかにあります。カトリックでは単なるシンボルではなく、また主観的なものでもなく、客観的に（そう思うか思わないにかかわらず）目に見えない仕方ではあるが、神秘的に実際にキリストの現存があるのパンとぶどう酒の中にある、と考えています。しかし、最近ではプロテスタントの方も説教中心の頭だけの典礼から、カトリック的な神秘的な秘跡の在り方を模索していますし、逆にカトリックは秘跡ばかりを重視しすぎて、説教という宣教的側面、あるいは説教も恵みを伝達する重要な要素として重視するようになって、お互いがそれぞれの良いものを学び合っているという状況であることを知っておいてください。

ところで、秘跡に関するカトリックの教義で、いかにもカトリックという伝統的な教えがあります。最近はほとんど聞かなくなりましたが、別に廃止されたわけではなく、信仰者として知っておくとよいことですが、それは秘跡が秘跡として有効になるための条件のことです。大昔、二つの考え方がありました。一つは、秘跡の有効性はこれを執行する人のあり方に左右されるというもので、これを ex opere operantis と呼びます。もう一つは、秘跡の有効性は、その秘跡に定められたしるしがきちんと行われれば有効であって、これを ex opere operato「事効的効力」と呼びます。この二つの考えで教会は激しく論争しましたが、結局、「事効的効力」がカトリックの正統な考えとして教理化されたわけです。つまり、秘跡を授ける人はキリストの道具であって、いわばキリストの手足になって、その恵みを信者に与えるけれども、本当にその恵みが与えられるか否か、つまり有効性ですが、それを左右するのは、授ける人がいかに出来損ないで、欠点だらけで、酒飲みで、信仰が深くなくても、秘跡を定められたとおりにやれば、その人を通して、キリストの恵みは確実に与えられるということです。極端なことを言えば、眠たくてうつらうつらしながら、ミサをささげて気づいたら終わっていたという場合とか、罪を犯してボロボロになった司祭がミサを行っても秘跡は有効だということです。

7　聖徒の交わり

「聖徒の交わり」というのは、ラテン語で communio sanctorum　と言いますが、昔はこれを「諸聖人の通功」と呼んでいました。これは歴史的にさまざまに解釈されてきました。現在でも、カトリックとプロテスタントでは全然違う意味で使っています。ラテン語の communio という意味は「交わり」とも訳せますが、「分配」という意味もあるわけです。さらに sanctorum は、カトリックでは「聖人たちの」「聖徒たちの」と訳されていますが、「聖なるもの」とか「聖なることがら」という意味にもとれるわけで、こういうふうにもともとのラテン語が曖昧だから、いろいろな解釈が出てくるわけです。例えば、communio sanctorum を「聖なるものへの与り」、それは具体的にはミサに与ることなのだと解釈した例があります。しかし、現在はどの教派もsanctorumは聖徒と捉えていますが、この「聖徒」という概念はカトリックとプロテスタントでは違います。

カトリックでは、聖徒とは、天国、煉獄、そしてこの地上に生きている信徒のことを指します。聖徒というのは聖人なのだから、煉獄にいる人とか、今生きている人は聖人と呼べない、と思う人がいるかもしれません。カトリックでは聖人というのは、天国にいる人のことを指しますが、聖徒というのは、実は教会の信者を指します。先にも述べたように、信徒は清いから聖徒と呼ばれるのではなく、聖霊に生かされた教会のメンバーだからであり、かつ教会の使命のために「選び分かたれた」者だから聖徒と呼ばれるわけです。では、天国にいる人も、煉獄にいる人も、信徒かと言うと、今は死語になってしまいましたが、昔、教会は三つあって、地上だけでなく、煉獄にも、天国にも教会はあると言っていました。地上の教会は「戦闘の教会」、煉獄の教会は「苦悩の教会」、天国の教会が「勝利の教会」などと呼ばれていました。ですから、死んだ人も、生きている人もどこかの教会に所属しているわけです。それで、先ほど教会を「キリストの体」と呼ぶことについて話しましたが、昔は「キリストの神秘体」と呼んでいたこの神秘体は、地上だけではなく、あの世の教会も全部を含めて、呼んだわけです。でも、こういう考え方はもうしていません。いずれにしても、聖徒は天国、煉獄、地上の信徒を指し、そのうち天国の信徒を聖人と呼ぶわけです。ですから、伝統的な言い方では「諸聖人の通功」というと、天国の人たちのことしか言われてない感じがするので、今は「聖徒の」と言っているわけです。

さて、プロテスタントは「聖徒」をどのように解釈しているかというと、大方の教派は、地上に生きている信徒だけを指します。その理由は、プロテスタントには煉獄はありません。天国か地獄だけです。ですから、聖徒の交わりとは、この聖霊に生かされた教会に属する一人ひとりの交わりを意味します。カルヴィンの流れをくむ改革派は、communio を「何かに与ること」と解釈して、聖徒の交わりとは、神によって与えられるすべての益を今生きている信徒が互いに分かち合うことで、皆が「聖徒」と呼ばれると解釈しています。しかし、プロテスタントでもある教派では、聖徒は天国の人も聖徒の交わりに加えているようです。生きている人と天国にいる人は聖霊という絆によって連帯しているので聖徒の交わりだそうです。しかし、聖徒の交わりは、誰が聖徒と呼ばれるかだけでなく、もう一つの点で、カトリックとプロテスタントは違います。

カトリックは聖徒の交わりがなぜ大切かというと、それは亡くなった人のために祈ること、あるいは地上に生きている人のために、天国にいる人に祈ることで神にその祈りを取り次いでもらうことが前提になっているからです。具体的に言うと、生きている人は煉獄の霊魂が早く天国に行けるように、と神様に祈ります。つまり、煉獄での罪の償いに協力してあげるわけです。しかし、天国にいる人には、その本人たちに祈ります。神様ではありません。いや、間接的には神様なのですが、その神様へのとりなしを生きている人のために頼むわけです。亡くなった人と生きている人が互いに相手のことを思いやる、その愛の交流が聖徒の交わりです。しかし、プロテスタントでは亡くなった人のために祈る、まして亡くなった人に祈り求めることはしません。なにしろ、煉獄がありませんし、死ねば天国か地獄かどちらかなのでその必要もありません。それに取り次ぎもありません。「だれだれの取り次ぎによって祈ります」という祈りはありません。祈るならば、常に「キリストのみ名によって祈ります」だけです。祈りは神にだけ祈ります。そして、マリアも含めて、天国にいる人を特別に聖人として敬うこともありません。これがカトリックとプロテスタントの教義が違う微妙で複雑な問題です。ですから、「聖徒の交わり」という信仰は、それをどう解釈するかで、全然違う方向に向かってしまうのです。

8　罪のゆるし

罪のゆるし、と聞くと私たちは「ああ、告解のことか」と思いがちですが、確かに告解も含まれていますが、それが第一義ではありません。罪のゆるし、まず何よりも、イエスが十字架の死によって、全人類の罪をゆるしてくださった、ということを信じることです。初めに述べたように、十字架上でのイエスの死は、神の自己犠牲的愛の究極の証しです。自己犠牲的愛は、愛されるに値しないものを愛する愛だから、自分にとっては何の益もなく価値もないわけです。そういう無価値な存在を愛するとき、その愛は必ず自己を否定し、自己を放棄し、自己を犠牲とする愛にならざるを得ないわけです。そのように、相手から何の見返りも期待せず、ただ与えるだけの、ただ消耗しつづけるだけの愛に生きたキリストの自己犠牲の愛のクライマックスがすなわち十字架です。それは罪を背負って生きる人間をありのままの状態で「包む」という性質なので、それを「罪のゆるし」と言います。十字架の自己犠牲は、だからゆるしの最大のしるしだったわけです。これが「罪のゆるし」を信じるという意味です。しかし、もう一つ「罪のゆるし」があります。それは洗礼による罪のゆるしです。十字架の死で実現された罪のゆるしは、原理的にすべての人の罪です。しかし、だからといって、そのゆるしを受ける側がそのゆるしをありがたく思うかどうかについては、イエスは何もできない。つまり、そのゆるしを受け入れるかどうかは、人間に任せられているわけです。そのゆるしを主体的に受け入れます、という気持ちを行為で表すのが洗礼です。つまり、例えて言えば、すでに神様は全人類すべての、一人ひとりの罪をゆるす証明書にすでにサインをして、待っているわけです。「世の罪をのぞきたもう主よ」というのは、神様は全員のゆるしの証明書にすでにサインをされているということです。しかし、その証明書を私が頂くか否かは私が決めることです。頂かない限りは、そのゆるしは私の罪のゆるしにはならない。この証明書を頂きます、ということを示すのが洗礼です。誤解しないでください。洗礼は、証明書にサインをしてください、つまりゆるしてくださいと頼みにいくことではありません。すでにサインされている証明書を頂く式が洗礼です。頂きに来る人には無条件に渡される、つまり無条件に罪がゆるされる、それが洗礼です。「使徒信条」はもともと、洗礼を受ける人が唱えた信仰告白がもとになるわけですが、そしてその中に罪のゆるしを信じますという項目がすでに入っているのも、これから受ける洗礼によって私の罪はゆるしてもらえるのだ、という洗礼の意味を再確認させるためなのです。

しかし、人間は弱い者だから、洗礼で罪がゆるされても、その後も罪を犯します。それをゆるしてもらうのが告解です。告解はトリエント公会議（一五四五―六三）の「義化についての教令」（DS 一五四三）の中で「告解の秘跡によって、失った恩恵をキリストの恩恵によって回復すれば、再び義とされる」とあり、いわば敗者復活の機会です。ただ、最初の頃はこの告解の機会は生涯ただ一回だけだったそうで、現在のように何回もできるようになったのはずっと後になってからです。プロテスタントに告解はありません。では、洗礼以後の罪はどうするのかというと、罪は神と私との個人的なつながりに傷をつけることになるが、それを癒やすのは制度による第三者を通してではなく、本人の罪意識と悔い改めで十分だ、ということです。ただ、プロテスタントでも最近は告解の意味を見直そうとする人もいるようです。聖公会やカトリックのように制度化もせず強制もしないのですが、平安を得られない信徒に有益だとして勧めています。

以上、「罪のゆるし」を信じるとは、「キリストの十字架上での死による罪のゆるし」、「洗礼による罪のゆるし」という点ですべてのキリスト教に共通ですが、カトリックは、それに加えて「ゆるしの秘跡による罪のゆるし」も含まれているのです。

9　からだの復活と永遠のいのち

「からだの復活」と「永遠のいのち」は関連していますので、まとめてお話ししますが、これに加えて、前に残していたキリストに関する項目で、「生者と死者を裁くために来られる」キリストを信じます、という項目も少しだけ説明します。この三つの項目を一つの言葉で表すならば、「世の終わりの出来事」に関する思想、いわゆる「終末思想」です。どのキリスト教もこの終末思想の信仰を重大な信仰にしています。

まず、キリスト教の終末思想とはどのようなものかを説明します。それは、この世の終わりが必ず来ますが、そのときに天の父のもとからキリストがもう一度降りてきて、つまり「再臨」します。そしてそのとき、これまで地上に生存したことのあるすべての人が身体ごと復活してキリストから裁きを受ける、これを「最後の審判」と言います。そして、その裁きに従って、天国か地獄に振り分けられ、天国にいる人は永遠にそこに生き続ける。つまり「永遠のいのち」で、地獄は「終わりなき死」です。ですから、終末とは「再臨」、「全人類の復活」、「最後の審判」、「永遠のいのち」、ないし「死」という四つの項目から成り立っています。「使徒信条」はこの四つの項目をすべて網羅しているわけです。これは勝手につくられたのではなく、すべて聖書の中に書かれてあるものを要約しただけです。聖書は昔の人の宇宙観に従って書かれたものなので、このとおりのことが現実に起こると考える必要はありません。では、具体的にどうなるのか、それは誰にも分かりません。大切なのは、この終末に関する話の中で誤解されやすい点と、はっきりしない点がありますので、その点だけを話します。

まず、世の終わり、つまり再臨はいつ来るか、ということは聖書には書かれていないということです。エホバの証人とか旧統一教会、あるいはセブンスデー・アドベンチャーなどは、再臨はもう来たとか、何年何月に来るとか言っていますが、それは間違いです。聖書をよく読めば分かりますが、イエスはそれは盗人のように突然やってくるが、その日がいつなのかは神のみがご存じなのだ、と言われています。キリストが知らないことを知っていると言う宗教団体の教祖は傲慢も甚だしいです。

二番目は、「からだの復活」です。ここでなぜ、ただ「復活」ではなく「からだの」とわざわざ付け加えるのか。これは、この信条ができた段階でキリスト教を脅かしていたグノーシス主義に対抗しようとしたものです。この異端では、身体は悪です。魂のみが善、神的であって、人間の身体はこの魂を閉じこめている牢獄です。ですから、救いはこの魂が身体から解放されることです。それはもちろん死です。しかし、キリスト教は身体は善です。聖霊の神殿とさえ言われます。聖霊の牢屋ではありません。だから、救いは魂だけではなく、身体も含めなければなりません。では、身体も救われるならば、どのように救われるのか。身体は死んだら腐り、最後には無くなってしまいます。だから身体にとっての救いとは何か。この立派なからだの回復を復活と言います。魂の復活とは決して言いません。魂は死なないわけですから、復活もあり得ません。復活は死が前提ですから、復活は必ず「からだごと」でないと復活になりません。だから「からだの復活」と言うわけです。では、この現実の肉体が再びゾンビのようにもとに戻るのか、ということですが、ただの「からだ」ではなく、「立派なからだ」とわざわざ付け加えたわけです。「立派な」とは男性は筋肉モリモリ、女性はグラマーで、ということではありません。今の私たちの持っている身体とは違うもの、別のからだで、という意味です。復活とは元に戻るということではありません。まったく新しい人間に生まれ変わる、ということです。では、そのまったく新しい人間のからだはどうなっているのか。パウロは「霊のからだ」(一コリ15・46)と呼んでいます。これは矛盾しています。霊には体がありません。つまりこれは言葉では言い表せないものなのです。それは想像を超えるもので、「霊のからだ」と呼ばざるを得ないようなそんなからだです。しかも、そのからだをパウロは「朽ちないもの」(同15・53)と呼んでいるわけです。ですから、ここでもこの地上の身体とは違うということが分かります。しかし、復活したからだは朽ちない、滅びない、だからこれが「永遠のいのち」というわけです。復活のからだについてはこれ以上のことは分かりません。体験するまでのお楽しみです。

次に誤解されやすいのは、最後の審判です。愛を説いたキリストがなぜ人を裁くのか、人には裁くなと言って、自分はバッサバッサと裁くじゃないか。大体、地獄に落とすなんて血も涙もない神だ、と、こういう誤解です。特にキリストが人を地獄に落とすことです。確かに、マタイ福音書25章に書かれてある最後の裁きは厳しいイメージがあります。しかし、よく注意して読んでください。キリストは善人を右、悪人を左に分けます。まず、善人に向かって「私の父に祝福された人たち」と呼びかけます。悪人に向かっては何と呼びかけているか。「呪われた者ども」、これが大事です。善人には「私の父に祝福された者」というふうに「私の父に」と言っています。しかし、悪人の方は「呪われた者」だけで、「私の父に」呪われた、とは言っていません。どういうことかというと、祝福の源は神にあるが、呪いの源は神にはないということです。では、どこにあるのか。その本人です。自分で自分を呪われた者にしたのです。「身から出た錆（さび）」です。右と左に分ける唯一の基準は隣人愛です。しかし、左の人は、そういう愛を拒否し続けることによって、次第に自分の首を絞めて生きてきた人で、ついに神の前で窒息死します。ですから、キリストが地獄に落とすのではなく、自分で落ちていくわけです。自分で自分を裁いているわけです。裁きとはそういう意味です。神は決して誰も地獄に落としたりはしません。神は人が地獄に落ちることを望んでいません。愛を拒んだ人が自分で地獄の状態になってしまうわけです。ですから、よくあちこちに「キリストの裁きがある」などと書いたポスターを見ますが、あれは人を恐怖心に陥れるだけで、誰も「主よ、早く来てください」とは思いません。「なるべく遅く来てください」と言いたくなります。キリスト教の裁きは、単なる裁きではなく、救いを最終的に完成する裁きです。悪がのさばり、搾取と不正義が横行する世に、完全な正義と平和をもたらす裁きです。キリストのために、人のために涙を流した、その涙が拭われる裁きです。生まれてすぐ死んでしまった赤ちゃんや、道端で野たれ死にする人にとって、この世に生まれるということは無意味のように思えますが、その人の人生には意味があり、生まれる価値があったということを、公にすべての人の前で神から宣言される、そういう裁きです。「お前は生まれて本当によかった」と、神から言われる出来事です。そして、それがすべての人に宣言される、これが「救いの完成」ということです。

資　料

信仰宣言

洗礼式の信仰宣言

天地の創造主、全能の、神である父を信じます。

父のひとり子、おとめマリアから生まれ、
苦しみを受けて葬られ、
死者のうちから復活して、

父の右におられる主イエス・キリストを信じます。
聖霊を信じ、
聖なる普遍の教会、
聖徒の交わり、
罪のゆるし、
からだの復活、
永遠のいのちを信じます。　アーメン。

使徒信条

天地の創造主、
全能の父である神を信じます。
父のひとり子、わたしたちの主
イエス・キリストを信じます。
主は聖霊によってやどり、
おとめマリアから生まれ、
ポンティオ・ピラトのもとで苦しみを受け、
十字架につけられて死に、葬られ、
陰府(よみ)に下り、
三日目に死者のうちから復活し、

天に昇って、
全能の父である神の右の座に着き、
生者（せいしゃ）と死者を裁くために来られます。
聖霊を信じ、
聖なる普遍の教会、
聖徒の交わり、
罪のゆるし、
からだの復活、
永遠のいのちを信じます。　アーメン。

二〇〇四年二月十八日　日本カトリック司教協議会認可

ニケア・コンスタンチノープル信条

わたしは信じます。唯一の神、
全能の父、天と地、見えるもの、見えないもの、すべてのものの造り主を。
わたしは信じます。唯一の主イエス・キリストを。
主は神のひとり子、
すべてに先立って父より生まれ、
神よりの神、光よりの光、まことの神よりのまことの神、
造られることなく生まれ、父と一体。
すべては主によって造られました。
主は、わたしたち人類のため、
わたしたちの救いのために天からくだり、

聖霊によって、おとめマリアよりからだを受け、
人となられました。
ポンティオ・ピラトのもとで、わたしたちのために十字架につけられ、
苦しみを受け、葬られ、
聖書にあるとおり三日目に復活し、
天に昇り、父の右の座に着いておられます。
主は、生者(せいしゃ)と死者を裁くために栄光のうちに再び来られます。
その国は終わることがありません。
わたしは信じます。主であり、いのちの与え主である聖霊を。
聖霊は、父と子から出て、
父と子とともに礼拝され、栄光を受け、
また預言者をとおして語られました。
わたしは、聖なる、普遍の、使徒的、唯一の教会を信じます。

罪のゆるしをもたらす唯一の洗礼を認め、
死者の復活と
来世のいのちを待ち望みます。アーメン。

二〇〇四年二月十八日　日本カトリック司教協議会認可

※本文中の聖書の引用は、
日本聖書協会『聖書　新共同訳』を使用させていただきました。

著者紹介

石脇　秀俊（いしわき　ひでとし）

1966 年 4 月　大阪府大阪市生まれ。
1999 年 12 月　司祭叙階。
現在、カトリック豊四季教会の小教区管理者。

「使徒信条（しとしんじょう）」を祈る

著　者 ── 石脇　秀俊

発行所 ── サンパウロ

〒160-0011　東京都新宿区若葉 1-16-12
宣 教 推 進 部 (03) 3359-0451
宣教企画編集部 (03) 3357-6498

印刷所 ── 日本ハイコム ㈱

2023 年 12 月 15 日 初版発行

ISBN978-4-8056-3923-8　C0016（日キ販）